SOBREVIVE COMO SEA, CUANDO SEA Y DONDE SEA

125 Técnicas Básicas y Secretos para Sobrevivir en Cualquier Situación

Ben Retts

Copyright 2022 Todos los derechos legales reservados
El contenido de este libro no puede reproducirse, duplicarse ni transmitirse sin el consentimiento expreso por escrito del autor. Bajo ninguna circunstancia, se considerará al editor legalmente responsable de cualquier reparación, daño o pérdida monetaria causada directa o indirectamente por la información aquí contenida.

Aviso legal
Ninguna parte del contenido de este libro puede ser alterada, distribuida, vendida, utilizada, citada o parafraseada sin el permiso del autor.

Cláusula de exención de responsabilidad
La información aquí contenida tiene fines exclusivamente educativos y recreativos. No hay garantías expresas ni implícitas. El lector entiende que el autor no proporciona asesoramiento jurídico, financiero, médico ni de ningún otro tipo.

ÍNDICE

Introducción	7
Verdades sobre la supervivencia	9
Prioridades para la supervivencia	31
El arte de sobrevivir en el desierto	51
El arte de sobrevivir en el selva	55
El arte de sobrevivir en el bosque	60
La lucha por la vida en los polos	61
Mantener la salud en el mar	63
Accidente aéreo	65
Equipamiento	67
Primeros auxilios	71
Los deportes de caza y pesca	77
Higiene	80
Gestión de las consecuencias de catástrofes naturales	82
Amenazas a la capacidad de vivir	83
Análisis de la situación	87
Trabajo en equipo	90
Una cabeza fría	91
La importancia de poder confiar en un líder	93
Las reglas básicas para sobrevivir	94
Las habilidades que podrían salvarte la vida	97

INTRODUCCIÓN

Quiero darte una calurosa bienvenida si, como yo, sientes un especial entusiasmo por las actividades al aire libre, el acceso sin restricciones a la naturaleza y la autosuficiencia personal. Te presento esta completa guía de 125 técnicas básicas de supervivencia.

Antes de empezar con estas técnicas imprescindibles para cualquier viajero, recuerda y ten siempre presente que ya eres un superviviente y que el fuerte deseo de vivir es lo que siempre te ha mantenido en pie y te mantendrá más allá de cualquier adversidad.

Puede que nunca te hayas perdido en la selva, en el desierto o en medio del invierno más frío, pero seguro que has sido capaz de enfrentarte a la vida y superar sus diversos sucesos, presiones, problemas u obstáculos para estar hoy aquí leyendo este libro, enfrentándote a nuevos retos y buscando nuevas experiencias.

Por lo tanto, es importante que tú, querido lector, te des cuenta de que ya eres un superviviente y que sólo tú sabes todo lo que has tenido que superar para estar en el momento en que vives actualmente.

Deseo sinceramente que disfrutes de la lectura de este libro y que seas capaz de poner en práctica algunas de las estrategias que te expongo a lo largo de estas páginas; hacerlo te confirmará que estás sacando el máximo partido a tu vida.

Ten en cuenta que la planificación es absolutamente necesaria para la supervivencia. En caso de emergencia, es absolutamente necesario organizar y preparar una mochila con antelación para evitar tener que depender únicamente de los artículos que se puedan encontrar en los alrededores. De esta manera, superar cualquier inconveniente que se te presente a lo largo del procedimiento te resultará más sencillo y te permitirá ahorrar tiempo. Tus posibilidades de sobrevivir, así como las de quienes te acompañen, aumentarán significativamente si mantienes la calma, tienes una actitud positiva, eres un buen compañero de equipo y cuentas con un buen grupo de personas.

Tanto si te encuentras en una situación de supervivencia solo como acompañado, es fundamental que diseñes un plan al que puedas ceñirte y que evalúes todas las posibilidades a tu alcance para seleccionar la opción que presente el menor nivel de peligro y, al mismo tiempo, ofrezca la mayor oportunidad de éxito.

Este libro es un arma muy poderosa, pero eres tú quien debe ser capaz de utilizarla con confianza y serenidad para atravesar cualquier tipo de emergencia de supervivencia de la forma más eficaz posible.

A partir de ahora, toca dar lo mejor de nosotros.

VERDADES SOBRE LA SUPERVIVENCIA

Cuando nos encontramos en una circunstancia precaria o potencialmente dañina, lo primero que se nos puede pasar por dentro es el miedo. Somos una especie capaz de sobrevivir y mantenerse viva a pesar de las adversidades, ya provengan de la naturaleza o de otros miembros de nuestra propia especie. Por eso, estamos obligados a luchar contra ello.
Es importante tener en cuenta que, desde hace 300.000 años hasta ahora, los humanos han experimentado una gran variedad de desafíos. A pesar de que los humanos modernos se han acostumbrado a un nivel de vida más acomodado en el último siglo, es importante recordar que hemos sobrevivido con mucho menos en el pasado. No te asustes, muchos de nuestros predecesores probablemente ni siquiera tenían zapatos como los que tú llevarás si alguna vez te encuentras en una situación en la que estás perdido, completamente solo y llevando en tu mochila sólo provisiones suficientes para una tarde de comida.
Si alguna vez te encuentras en una situación precaria, es importante que tengas en cuenta que, para sobrevivir, necesitas tres cosas: aire, agua y comida. Se podría creer que la afirmación "necesitas aire para sobrevivir" es evidente, pero no es así. Para sobrevivir, debes aprender a ser consciente de tu respiración para mantener la calma tanto en tu mente como en tu cuerpo.
En cuanto a la hidratación, es preferible dar prioridad al agua antes que a la comida, debido a que nuestro cuerpo es capaz de sobrevivir sin alimentos entre dos y tres semanas. Por otra parte, podemos deshidratarnos en sólo tres días y en menos tiempo aún si nos exponemos a temperaturas altas o bajas. Cuando digo esto, no quiero decir que no debas preocuparte por la comida; más bien, me refiero a que debes centrar tu energía en recoger agua en lugar de contemplar la construcción de una lanza y salir de caza cuando aún tienes comida en el estómago del desayuno.

Recordemos que, en los últimos años, el mundo ha vivido un periodo de abundancia, lo que nos ha llevado a comer mucho más de lo que necesitamos, manteniendo una dieta diaria de tres, cuatro incluso cinco comidas cuando nuestros antepasados comían quizá menos de la mitad de la mitad de eso. Esto nos ha hecho engordar innecesariamente, lo que ha provocado una serie de problemas de salud. Por ello, una de las cosas más importantes que hay que aprender cuando nos enfrentamos a la perspectiva de valernos por nosotros mismos en un entorno hostil es considerar la comida no como una fuente de placer efímero, sino como una fuente de nutrientes fundamentales para el organismo.

Aire

Un ser humano no puede estar más de tres minutos sin respirar oxígeno.

Las técnicas que implican la inhalación y exhalación de aire son una buena forma de calmar la mente y recuperar la calma en cualquier circunstancia. Cuando te enfrentas a una circunstancia difícil, es importante tener en cuenta que responder de forma precipitada e impulsiva no aumentará la probabilidad de que salgas ileso; en su lugar, lo mejor es mantener la calma, tomarse su tiempo y centrarse en la respiración.

Te resultará más fácil hacer frente a los sentimientos de ansiedad y miedo si practicas una respiración profunda y regulada. La ansiedad y el miedo son sentimientos que, por mucho que intentemos evitarlos, afloran cada vez que nos desviamos de nuestras rutinas y objetivos típicos. Por eso, practicar distintas técnicas de respiración y prácticas meditativas puede ser bastante eficaz para regular situaciones desafiantes de forma clara y consciente.

Cuando nuestro cuerpo experimenta un aumento significativo de la excitación, somos propensos a hiperventilar, ya sea respirando demasiado rápido y superficialmente o, al contrario, respirando profundamente en exceso. En ambos casos, inhalamos más oxígeno del que nuestro cuerpo necesita, lo que provoca los incómodos síntomas que experimentamos, como mareos, asfixia, visión borrosa, palpitaciones y hormigueos.

Si prestamos atención a nuestra respiración, también estaremos favoreciendo la relajación y funcionalidad de la musculatura de todo nuestro cuerpo, lo que será fundamental para que podamos hacer frente a cualquier circunstancia que se nos requiera.

Técnica 1 Respiración diafragmática o abdominal

La respiración profunda, a menudo conocida como respiración diafragmática, es la primera técnica.

Busca un lugar tranquilo, siéntate y concéntrate en relajar los músculos y dejar que el estrés abandone tu cuerpo. Este debería ser tu primer paso.

Mantén la espalda recta, relaja los hombros, coloca las manos con las palmas encima de los muslos y cruza las piernas.

Libera los músculos de la región abdominal para que puedas relajar esa zona sin tener nada que te restrinja demasiado o te cause molestias.

Respira hondo por la nariz, concentrándote en el proceso y haciéndolo de forma consciente mientras te esfuerzas por conseguir el objetivo de suministrar oxígeno a todo el cuerpo. Continúa expandiendo el estómago hasta que no pueda más. A continuación, suelta muy lentamente todo el aire y procede a hacerlo unas tres veces de forma pausada y sin prisa.

A continuación, repite el paso anterior, pero esta vez coloca una mano sobre el estómago y la otra sobre el pecho. Observa cómo inspiras para ver qué zona de tu cuerpo se expande primero: ¿el pecho o el estómago? Mantén la respiración durante tres segundos. Repitiendo el último paso, suelta el aire con cuidado por la boca mientras cuentas hasta tres. Cuando esto ocurra, el abdomen estará en su posición natural. Se recomienda realizar el proceso dos o tres veces más.

Es esencial acostumbrarse a este método de respiración para dominarlo y poder emplearlo en distintos momentos del día. Te resultará mucho más sencillo llevarlo a cabo cuando lo necesites, así como ayudar a otras personas a realizarlo.

Si te encuentras en una situación de gran ansiedad y empiezas a hiperventilar o simplemente sientes una sensación de malestar, seguir este método de respiración te ayudará a reducir las sensaciones incómodas que estás experimentando y te proporcionará alivio. Después, será mucho más sencillo recuperar la serenidad necesaria para pensar con más claridad y tomar las medidas adecuadas en una circunstancia desafiante.

Agua

Sin agua, es imposible que un ser humano viva más de tres días. Dependiendo del lugar en el que se encuentre, puede adquirir el agua por distintos métodos. En cualquier caso, es esencial tener en cuenta que debes evitar beber agua salada directamente si te encuentras cerca de una fuente de agua salada. Esto es cierto incluso si el agua es abundante y con frecuencia clara, ya que el agua salada contiene sales que te causarán deshidratación si la consumes. En otras palabras, no encontrarás lo que buscas sino todo lo contrario.

La deshidratación es el resultado de que un organismo no reciba suficiente agua, lo que hace que disminuya la concentración de líquidos dentro del cuerpo. Puede provocar letargo, dolores de cabeza, mareos, confusión e incluso la muerte si la cantidad de agua perdida es lo suficientemente alta. Por ello, la falta de agua es uno de los principales peligros en lugares desérticos o muy cálidos.

Recuerda que, para evitar deshidratarte, debes consumir al menos un litro de agua al día. Es aconsejable beber a intervalos regulares para limitar la cantidad de sudor que se produce y mantener estable la temperatura corporal.

Además, si el agua escasea, es esencial que cuides la que ya llevas dentro para que funcione con la máxima eficacia. Para ello, reduce las actividades que te hagan sudar y asegúrate de llevar protección solar. Protégete cubriéndote la cabeza, el cuello, la espalda y los brazos.

En caso de que la obtención de agua suponga un reto importante, una estrategia adicional para evitar la deshidratación es mantener la boca cerrada, abstenerse de hablar y respirar por la nariz.

Si falta agua, no debes comer porque la digestión requiere agua. Además, aléjate de las zonas que se calientan demasiado, busca alguna sombra fresca donde descansar y espera a que se ponga el sol antes de moverte.

No fumes ni consumas alcohol, ya que ambos te provocarán deshidratación, especialmente si te encuentras en un entorno que ya es seco.

Es una buena idea mantener un guijarro, piedra pequeña o un poco de resina en la boca para estimular la producción de saliva y evitar que la boca se seque en exceso.

Técnica 2 Obtención de agua mediante el proceso de análisis del suelo

El método más sencillo para conseguir agua es examinar el entorno, ya que la dirección del viento, la presencia de animales y el tipo de vegetación presente darán pistas sobre la ubicación de las fuentes de agua naturales más cercanas.

Si te encuentras en un valle, puedes determinar la dirección del drenaje natural del agua observando el fondo del valle. Si no hay estanques ni arroyos en las inmediaciones, busca zonas de follaje verde y excava en ellas. También puedes excavar en lechos de ríos secos, ya que existe la posibilidad de que haya agua bajo la superficie.

En la costa, excava por debajo del nivel del agua, mientras que, en las tierras altas, busca agua que haya quedado atrapada en grietas y hendiduras. Los estanques rodeados de tierra desnuda y marrón pueden ser una señal de alarma.

Técnica 3: Obtención de agua del medio natural

Tenemos la suerte de descubrir el agua no sólo en charcos, lagos, ríos, mares y océanos, sino también en una gran variedad de frutas y plantas.

Hay plantas que pueden ofrecernos agua adecuada para nuestro consumo. Es posible extraer agua de las raíces de muchos tipos diferentes de árboles y enredaderas introduciendo segmentos de las raíces seccionados en un recipiente.

Ten en cuenta que no debes consumir líquidos vegetales turbios, lechosos o coloreados si recurres a las plantas para obtener agua después de agotar tu búsqueda de agua en la tierra.

En caso de que te encuentres en un lugar frío, derretir hielo es otra técnica para obtener agua del entorno. Lo mejor es evitar meterse hielo directamente en la boca, porque al hacerlo puede bajar la temperatura corporal y provocar dolorosas llagas en los labios y la boca. Por lo tanto, debes empezar por derretir la nieve o el hielo que pretendes ingerir.

También se pueden recoger el agua de lluvia y el rocío, ambos excelentes para el consumo humano en situaciones de emergencia en las que intentamos mantenernos con vida. Es posible recoger el agua de lluvia en varios recipientes. También se puede almacenar agua en un pozo excavado en el suelo y luego cubierto de barro.

Si no tienes acceso a estas fuentes, tendrás que emplear un mayor grado de creatividad. Las trampas de condensación y los alambiques solares son dos métodos que pueden utilizarse para recoger agua. Incluso tu propia ropa puede servirte para recoger el rocío y la humedad de la hierba y las plantas para hacer té. Ponte una camiseta anudada a los tobillos, camina por la hierba a primera hora de la mañana o al atardecer y luego aprieta la camiseta para sacarle el agua.

Ni que decir tiene que hay que purificar y filtrar el agua que se recoja antes de consumirla, como explicaré con más detalle a lo largo de este libro.

Técnica 4 La trampa de condensación

Tu filtro de agua casero se encargará de recoger agua de fuentes naturales para que tú puedas atender otros asuntos, como hacer señales para pedir ayuda o buscar plantas silvestres comestibles.

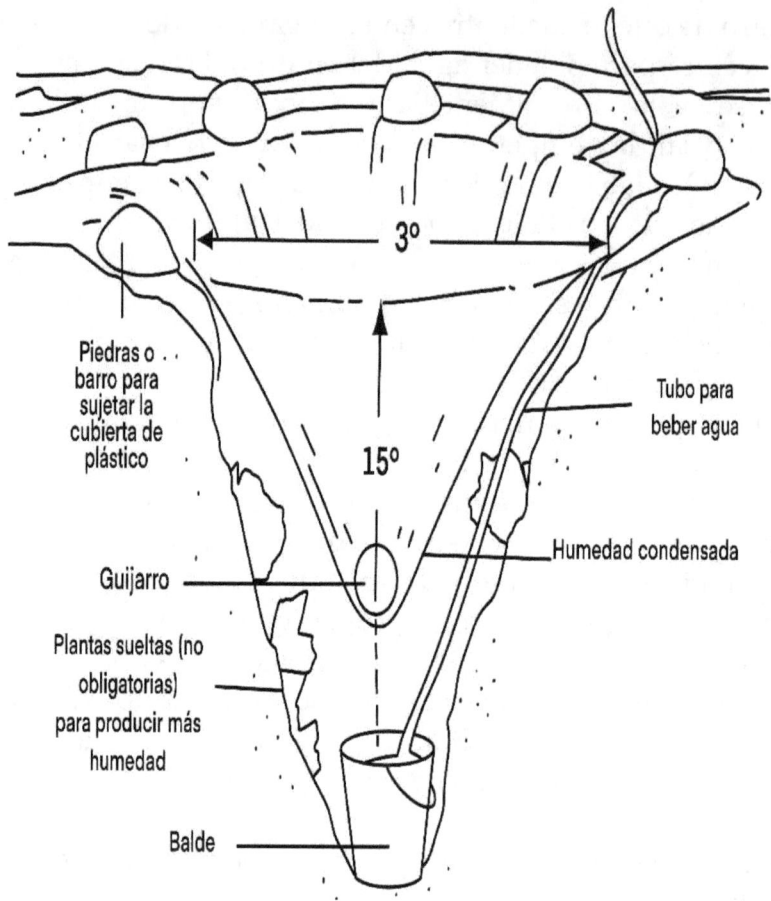

Para hacer una trampa de condensación, primero hay que cavar un agujero redondo de pocos centímetros de profundidad y colocar un recipiente en el fondo. El recipiente puede ser un vaso o una cazuela.

Después, se encargará de tapar todo el agujero con un trozo de plástico rectangular o circular. Deja el plástico ligeramente suelto para que puedas colocar un pequeño peso en el centro del mismo. El plástico debe formar un cono con la punta hacia abajo, y la punta debe quedar en la parte superior del recipiente.

Puedes simplemente cubrir los bordes del plástico con arena o poner piedras alrededor para mantenerlo en su sitio y que no se caiga, pero ten en cuenta que tiene que estar bien sellado para que el agua sólo pueda escapar en cantidades muy pequeñas.

Durante la noche, el agua presente en la tierra y el aire se condensará en la superficie del plástico y fluirá hacia el recipiente, permitiéndote beber agua de alta calidad al día siguiente.

Además, si es un día luminoso, el sol aumentará la temperatura tanto del aire como del suelo, lo que dará lugar a la producción de vapor. En la parte posterior del plástico, el vapor se enfriará y se condensará en gotas de agua, que caerán en el contenedor. Esta estrategia funciona muy bien en lugares donde los días son bastante calurosos y las noches muy frías.

Si utilizas este método, podrás recoger más de medio litro de agua al día. Este método de recogida de agua también funciona como trampa, ya que los insectos y pequeñas serpientes que se sientan atraídos por el plástico caerán en él o en el agujero, del que no podrán escapar.

Si piensas utilizar la trampa colectora para obtener agua, te conviene colocar varias trampas cerca de tu refugio. Necesitas más de medio litro de agua al día, así que el suministro proporcionado por una sola trampa no será suficiente. También puedes colocar varios tipos de plantas verdes en el agujero porque las propias plantas retienen agua en su interior. Esto es especialmente útil en regiones áridas donde hay poca agua en el suelo, como las zonas de playa, por ejemplo.

Técnica 5 Instrucciones para beber hielo o nieve

Como ya he comentado, lo primero que debes tener en cuenta es que nunca debes consumir directamente hielo o nieve porque hacerlo puede provocarte quemaduras en la boca y en los labios, lo que te impedirá poder ingerir cómodamente alimentos en el futuro y otros líquidos. Además, si sufrieras quemaduras o llagas, te pondrías en una situación hostil en la que no podrías tratarlas adecuadamente, lo que aumentaría el riesgo de contraer infecciones.

Si no tienes más remedio que recoger, ten en cuenta que puedes obtener más agua del hielo que de la nieve. Y para derretir la nieve, primero debes poner una pequeña cantidad en una cacerola, olla o trozo de bambú y luego añadir más nieve poco a poco, a medida que se derrita la anterior. Si se llena todo el cazo de nieve, se formará un agujero en su interior al derretirse la nieve, lo que provocará que el cazo se incendie.

Si no dispones de este mecanismo para derretir el hielo, puedes llenar tu botella de agua con hielo o nieve y colocarla entre dos capas de ropa que lleves puesta para que se derrita debido a tu calor corporal. Esto te permitirá derretir el hielo más rápidamente. Cuando lo hagas de esta manera, evitar que la cantimplora entre en contacto con tu piel es de suma importancia ya que corres el riesgo de quemarte.

Ten en cuenta que las capas de nieve que están más cerca de la parte superior producen menos agua que las capas que están más profundas.

Técnica 6 Destilación

La destilación es un procedimiento que puede ser utilizado para separar componentes y es posible que hayas tenido alguna experiencia con este proceso en la escuela. En el caso de que uno deba luchar por su vida, puede ser de gran ayuda.

Para poner en marcha el proceso de destilación, deberás colocar un tubo dentro de un recipiente lleno de agua y, a continuación, calentar el recipiente sobre el fuego. El extremo opuesto del tubo deberá ser colocado dentro de otro recipiente que también será cerrado de forma hermética. El segundo recipiente debe colocarse dentro de un tercer recipiente, que debe llenarse con agua fría y utilizarse para enfriar el vapor que sale del tubo. Si se sellan las juntas del tubo con barro o arena húmeda, se evitará que salga agua por evaporación.

En el caso de que no tenga otra opción que utilizar su propio pis como fuente de hidratación, existen dos métodos que puede utilizar para purificarlo: en primer lugar, puede utilizar una trampa de condensación; en segundo lugar, puede utilizar la destilación solar. Para ello, necesitará dos botellas vacías y un poco de cinta adhesiva para construir un sencillo alambique solar.

En primer lugar, tendrás que llenar hasta la mitad una botella con orina y, a continuación, pegar la boca de una segunda botella que esté vacía a la boca de la primera botella que contiene orina. Deberás colocar las botellas en el suelo en posición horizontal, de modo que la botella que contiene la orina quede totalmente expuesta al sol, y luego deberás cubrir con arena la botella que no contiene orina.

Mediante el proceso de evaporación, el sol extraerá el agua de la orina. La temperatura de la segunda botella, que está protegida del calor del sol por la capa de arena colocada sobre ella, será inferior a la de la primera botella. El agua evaporada de la primera botella pasará a la segunda. Si tienes motivos para creer que el agua que estás utilizando puede estar contaminada, también puedes destilarla antes de beberla utilizando este método.

Técnica 7 Limpiar el agua

Es imprescindible que el agua que consumas haya pasado por los procesos de purificación y desinfección necesarios para hacerla potable antes de que pueda considerarse segura para su consumo. Utilizar un filtro que pueda limpiar el agua es la mejor opción. Hay muchos tipos y tamaños diferentes de filtros, incluyendo filtros de carbón, filtros de cerámica, filtros de fibra de vidrio, y otros; por lo tanto, si tienes la opción de llevar uno en tu kit de supervivencia para cada aventura, hazlo.

Dado que las bacterias y otros contaminantes mueren o se vuelven inofensivos cuando el agua se calienta hasta el punto de ebullición, es necesario llevar el agua a ebullición durante al menos cinco minutos. Se puede purificar cualquier líquido y extraer sólo el agua que contiene, lo que se conoce como agua destilada. Esto es útil en condiciones extremas en las que el agua es limitada o está muy contaminada, como en el agua de mar. Para conseguirlo, hay que llevar el líquido a ebullición y destilar el vapor en otro recipiente. Esto nos permitirá adquirir agua libre de cualquier bacteria o concentración de sal que pueda ser perjudicial para la salud.

Después de llevar el agua a ebullición, puedes airearla moviéndola repetidamente de un recipiente a otro; esto le da un buen sabor y evita que tenga un gusto desagradable.

Cuando se trata de eliminar bacterias, el cloro es uno de los desinfectantes más potentes que existen. En cambio, no es muy eficaz contra los virus que se encuentran en el agua que no ha sido filtrada. Por lo tanto, es aconsejable filtrar el agua antes de clorarla y, tras la aplicación de cloro, el agua debe mezclarse bien y dejarse reposar durante un periodo de treinta minutos para que el cloro pueda entrar en contacto con los microorganismos que se desea destruir.

Si tiene la opción, utilizar yodo como desinfectante es una de las formas más eficaces de deshacerse de bacterias, virus y cualquier otro tipo de gérmenes que puedan estar presentes en el agua. En la mayoría de los casos, la cantidad de gotas necesarias para filtrar un litro de agua oscila entre dos y diez. Una vez más, para lograr un mayor grado de éxito, lo mejor es filtrar el agua antes de añadir el yodo, luego mezclar las gotas de yodo con el agua y dejar reposar de quince a veinte minutos.

Las pastillas potabilizadoras pueden utilizarse para hacer que el agua sea apta para el consumo humano. Es posible que el uso de pastillas diseñadas específicamente para la filtración del agua sea la forma más cómoda y productiva de potabilizar el agua. Antes de potabilizar el agua, estas sustancias deben añadirse en cantidades precisas, teniendo en cuenta también el tiempo de espera necesario. Es aconsejable leer siempre las instrucciones de uso del envase, la fecha de caducidad y, por supuesto, es conveniente llevar siempre pastillas potabilizadoras en la mochila o kit de supervivencia, ya que son un sistema muy rápido, fiable y fácil de usar.

Técnica 8 ¿Cómo consumir el agua que contienen las plantas?

Si nos encontrásemos en una situación de vida o muerte y tuviéramos que excavar en busca de agua, nos resultaría mucho más difícil encontrar una fuente de agua que a los árboles. Los árboles pueden extraer agua del suelo a más de 10 metros de profundidad.

Por lo tanto, lo más sensato es dejar que el árbol se encargue de bombear el agua para nosotros. Para recoger el agua, deberás atar una bolsa de plástico alrededor de una rama sana y con hojas verdes. La condensación se formará dentro de la bolsa como resultado del secado y evaporación de las hojas. Mantén la boca de la bolsa en posición vertical, con una esquina colgando para recoger el agua.

El polietileno también puede utilizarse para hacer una tienda de campaña que pueda colocarse sobre una planta. Para ello, sujeta la tienda desde el interior con un poste o suspéndela del techo por encima. Este método sirve exclusivamente si tienes a mano unos canales de plástico o metal que puedan abarcar de largo todo el lateral de la "tienda de campaña" que has montado sobre la planta para que recojan el agua que se va deslizando desde arriba gracias a la evaporación y condensación del agua de la planta. Incluso estos canales puedes elevarlos ligeramente por un lado y derivarlos a dos recipientes, uno por cada lado, para así recoger cómodamente el agua acumulada. Debes tener cuidado de que las hojas no toquen las paredes de la carpa, ya que esto hará que las gotas se desvíen de los canales de plástico de la base de la carpa y no podrás recogerlas.

Si almacenas plantas cortadas dentro de una bolsa de plástico grande, se formará condensación independientemente de si las plantas han sido podadas o no. Si utilizas piedras para mantener las hojas levantadas del suelo, podrás recoger el agua que se acumula debajo de las hojas. Además, no debes dejar que las hojas toquen los laterales de la bolsa y debes utilizar piedras, ramas o palos para ayudar a tensar la bolsa. Si colocas la bolsa de modo que quede ligeramente inclinada hacia arriba, las gotas rodarán hacia abajo, lo que te permitirá recogerlas con mayor facilidad y evitar que se pierdan.

Masticando las puntas de las hojas de pino, puedes obtener agua de las agujas, ya que éstas retienen agua en su superficie. Si descubres bambú y lo agitas, puedes escuchar el sonido del agua moviéndose dentro del bambú. Si lo oyes, corta el bambú por la base de cada junta y extrae el agua de su interior. El agua se recoge mediante plantas en forma de copa, pero primero hay que limpiar las plantas de cualquier insecto u otros restos que puedan contener.

De las palmeras que crecen cerca de las playas se obtiene una bebida dulce llamada guarapo. Esta bebida puede consumirla cualquier persona. Para iniciar el flujo de líquido, deberás flexionar la planta hacia abajo y cortar la punta. Si cortas una pequeña porción de la punta una vez cada doce horas, el líquido volverá a fluir, lo que te permitirá recibir un poco de agua cada día. Sin embargo, esta cantidad de agua no se acercará al medio litro, por lo que necesitarás disponer de numerosas hojas o encontrar otras fuentes de agua. Es posible obtener suficiente agua bebiendo leche de coco madura, pero dado que la leche de coco es un potente laxante, beber demasiada podría hacerte perder demasiado líquido, lo que tendría el efecto contrario al que deseamos.

Hay que tener cuidado con los cactus, porque no todos contienen agua que se pueda consumir y algunos incluso pueden contener un líquido pegajoso de aspecto lechoso que es venenoso y puede causarte daños internos.

Técnica 9 Análisis del comportamiento animal

Dado que la mayoría de las otras formas de vida del planeta que aún son capaces de prosperar en su entorno natural no han perdido sus instintos ni su conexión con el mundo natural, podemos buscar orientación en ellas si nos encontramos en una circunstancia precaria.

Hay una gran variedad de aves y mamíferos, además de algunos insectos como abejas, hormigas y moscas, en los que se puede confiar como indicadores precisos de la presencia de agua. Si, por el contrario, nos encontramos con huesos u otros restos de animales muertos, esto puede indicar que estamos en una zona desprovista tanto de alimentos como de agua.

Dado que otros animales, como nosotros, necesitan agua para sobrevivir, siempre se congregarán en zonas donde puedan obtener tanto su fuente de hidratación como su fuente de sustento. Si sigues las huellas de las criaturas herbívoras por el camino que ellas tomaron, acabarás encontrando una fuente de agua. Ni que decir tiene que hay que alejarse de las huellas dejadas por los carnívoros, ya que pueden suponer una amenaza. Sus huellas suelen ser más grandes y características, por lo que son más fáciles de detectar y dejan una huella profunda y pesada por donde pasan.

El agua es esencial para la supervivencia de las hormigas. Es posible que una hilera de hormigas que trepa por un árbol se dirija hacia una pequeña reserva de agua estancada en ese lugar. Incluso en regiones secas, puedes encontrarte con reservas de este tipo.

Las aves granívoras casi siempre se encuentran cerca del agua. Cuando vuelan bajo y en línea recta, se acercan directamente. Cuando han terminado de beber, vuelan de rama en rama, deteniéndose a descansar a intervalos regulares. Como resultado de su constante necesidad de hidratación, los patos y las rapaces son marcadores fiables de la ubicación de los suministros de agua adyacentes. Tenga en cuenta que las aves silvestres y salvajes en libertad suelen volar en dirección a una población. Si te encuentras alguna, obsérvala, intenta seguirla o dirigirte hacia su rumbo, ya que puede haber una población humana hacia la dirección que está tomando.

Alimentación

Los seres humanos pueden pasar hasta tres semanas sin comer.

La comida puede ser una de las primeras cosas que nos venga a la mente cuando nos encontremos en una situación precaria; sin embargo, la realidad es que habrá otras preocupaciones que tendrán prioridad sobre ella. En menos de tres semanas, un equipo de rescate puede encontrarnos o nosotros podemos localizar un lugar habitado donde pedir ayuda. Por lo tanto, durante las primeras horas y días de nuestra lucha por la supervivencia, nos centraremos en otro tipo de prioridades.

Cuando se te acaba la comida que llevas, tienes la opción de obtener más comiendo plantas silvestres que sean comestibles, recogiendo huevos de diversas aves, cazando, pescando o recolectando carne.

Debido al hecho de que estamos acostumbrados a tener disponibilidad de comida en todo momento, no hay duda de que la comida seguirá siendo un problema para cualquiera, independientemente de lo que diga este libro o cualquier otro. La comida es esencial para mantener la energía positiva, el calor corporal y, lo que incluso puede ser más importante, una moral fuerte. Incluso si el agua es más necesaria, la comida es esencial para estas cosas. Deberías empezar por racionar primero toda la comida que has traído contigo, luego pasar a comer frutas y plantas silvestres, luego pasar a comer huevos de pájaros, y finalmente dedicarte a la pesca y/o la caza. Esto se debe a que, en estos casos, tendrás que esforzarte más y gastar más energía, además de aprender a lidiar con la frustración en caso de que pases varios días sin pescar o cazar nada. Ten en cuenta que competirás con animales salvajes que dominan el arte de sobrevivir en este entorno y son expertos en evitar posibles amenazas.

Técnica 10 ¿Cómo preparar y servir la comida?

Aunque a la mayoría de nosotros nos hace más inteligentes, pasar hambre reduce nuestras fuerzas y la sensación de hambre nos baja la moral, a pesar de que puede agudizar nuestro ingenio.

Si te quedan pocas raciones de comida o si lo que has comido no es demasiado, es preferible que lo consumas poco a poco varias veces al día, ya que así sentirás menos hambre. Puedes protegerte de los efectos potencialmente nocivos de los alimentos que ingieres limitando el tamaño de las raciones y comiendo con frecuencia (al menos una vez cada cuatro horas).

Dejando a un lado la posibilidad de que el sabor de la comida no sea del agrado de tu paladar, lo más importante será tener presente que el objetivo primordial de la comida es proporcionarte los nutrientes, la energía y el calor que necesitas para sobrevivir.

Técnica 11 ¿Qué tipos de animales puede consumir el ser humano?

En caso de que decidas subsistir a base de carne de otras criaturas para asegurar tu propia vida, ten en cuenta que prácticamente cualquier criatura que nade, se arrastre, camine o vuele puede ser consumida.

Sólo debes evitar aquellas especies acuáticas y terrestres que destaquen por sus colores vivos, formas infladas y/o espinas. Aunque el sabor de la carne de los demás animales no sea del agrado de tu paladar, es posible comerlos.

Los moluscos que se aferran a las rocas o están enterrados pueden comerse, además del pescado, los crustáceos y otros animales marinos. Todos ellos pueden asarse o cocinarse para su consumo.

Lombrices de tierra, larvas de insectos, insectos, babosas, caracoles y arañas son algunas de las criaturas terrestres que pueden asarse al fuego o en una lata.

Es posible consumir serpientes, sapos, ranas y lagartos asados; sin embargo, hay que quitarles la piel antes de cocinarlos porque puede contener glándulas nocivas. También se pueden consumir las vísceras y el cráneo de estos animales.

Los ratones capturados en la naturaleza pueden comerse, pero hay que evitar el ratón de cola larga.

Aunque algunas aves, como las carroñeras o las marinas, tienen un fuerte olor y sabor a pescado, todas las aves se pueden comer. Sin embargo, algunas aves no tienen un sabor agradable.

Recuerde siempre pelar la piel, quitar la cabeza y desechar las vísceras antes de comer la carne cocinada.

Técnica 12 ¿Qué tipo de plantas puede consumir el ser humano?

La mayoría de las plantas son apropiadas para la alimentación humana. Si te encuentras en una zona que no conoces y que es demasiado salvaje, un método sencillo para determinar qué plantas son comestibles y cuáles no consiste en observar qué plantas buscan los animales para alimentarse y cuáles evitan.

Ten en cuenta que las setas pueden ser muy venenosas e incluso mortales, así que mantente alejado de ellas a menos que estés seguro al cien por cien de que sabes todo lo que hay que saber sobre ellas. También debes evitar las plantas con bayas blancas y las que tienen hojas dispuestas en racimos de tres divisiones. Tampoco debes comer plantas que exuden un líquido lechoso al cortar el tallo o la hoja.

Al igual que ocurre con la carne, las verduras y plantas cocinadas son mucho más seguras que las crudas, por lo que el fuego será tu principal aliado para mantener la hidratación y la nutrición y evitar enfermedades.

Si lo que buscas es nutrirte, las partes de la planta más nutritivas son los frutos y las raíces, sobre todo en plantas con raíces gruesas y pulposas.

Si no estás seguro de si una planta es comestible o no, debes consumir una pequeña cantidad, esperar unas horas y luego decidir si sigues consumiéndola o no en función de cómo te sientas.

Técnica 13 Instrucciones para conseguir alimentos

Las plantas y algunos animales pueden recolectarse simplemente observándolos, levantando rocas o troncos, excavando en la arena o extrayéndolos directamente del medio en el que se encuentren.

En estuarios, ríos y lagos se pueden recoger moluscos, crustáceos e incluso algunas especies de peces. Basta con remover las piedras para encontrar larvas de muchos tipos de insectos. Éstos son comestibles y también funcionan bien como cebo para capturar peces más grandes. Para ello, tendremos que adquirir o fabricar anzuelos de alambre o metal.

La captura de animales más grandes puede lograrse mediante el uso de trampas o gracias a la desafiante actividad de cazar con lanzas. Sin embargo, además de la habilidad necesaria para ello, nuestra presa tiene el potencial de eludirnos mientras está herida y fallecer a varios kilómetros de distancia, en un lugar donde nunca la descubriremos y donde no nos será de ninguna utilidad como fuente de alimento. Debes valorar si te merece la pena el esfuerzo, el tiempo y la energía que invertirás en este proceso y planear cómo reducir al máximo las posibilidades de que tu presa huya de ti estando herida o no.

También puedes utilizar trampas, que te permitirán capturar algunas presas con relativamente poco esfuerzo por tu parte. Tienes la opción de dejar las trampas fuera toda la noche para que hagan su trabajo sin tu ayuda; sin embargo, siempre debes dejar más de una trampa fuera para aumentar la probabilidad de capturar algo al día siguiente.

PRIORIDADES PARA LA SUPERVIVENCIA

Debes pensar en las otras prioridades para la supervivencia con el fin de hacer el uso más eficiente de tu tiempo y energía. Una vez que te hayas hecho consciente de tu respiración, tu mente, cuerpo y espíritu estén relajados y tengas garantizadas al menos las primeras veinticuatro horas de comida y agua mínimas, debes pensar en las otras prioridades para la supervivencia.

Las tres cosas más importantes que hay que tener para sobrevivir son un lugar donde guarecerse cuando se pone el sol, una fuente de comida o sal para evitar una bajada de tensión y alguna forma de orientarse para poder idear un plan para regresar a salvo o ser rescatado. También es muy importante hacer un fuego que te ayude a mantener la temperatura corporal y a alejar animales salvajes de tu campamento.

Cuando te encuentras en un escenario precario que requiere que sobrevivas, es importante tener en cuenta que cualquier cosa que hayas traído contigo, independientemente de lo inútil que pueda parecer, podría acabar siendo lo que termine salvando tu vida y la de las personas con las que estás. Por lo tanto, tanto en el caso del agua como en el de los alimentos, determinar cómo se racionarán estos recursos debe formar parte tanto del plan como de la organización.

Lo mejor que se puede hacer antes de ponerse ansioso, alarmarse o intentar salir a investigar es buscar una zona cómoda, sentarse en grupo, crear un refugio, racionar las provisiones y pensar en cómo buscar ayuda, al tiempo que se observa el entorno, se escucha atentamente y se mantiene la calma.

Refugio

Cuando intentamos sobrevivir en un entorno hostil, una de las primeras cosas que debemos tener en cuenta es dónde vamos a refugiarnos de los elementos, así como de animales salvajes, insectos y otras plagas. Hay muchas formas diferentes de construir refugios, y el método que elijas debe depender de los materiales de que dispongas.

La razón más importante por la que necesitamos un lugar donde vivir es para poder protegernos de los elementos. El calor extremo puede provocar síntomas como síncope o agotamiento, mientras que el frío extremo puede provocar síntomas como hipotermia y congelación.

Al construir un refugio, debemos tener en cuenta que necesitamos protegernos de cosas como la humedad y los insectos que hay en el suelo, el viento, la lluvia y los mosquitos que vuelan por ahí, las copas de los árboles, los nidos o los frutos que puedan caernos encima, el frío o la luz directa del sol y los animales salvajes.

Técnica 14 ¿Dónde deberíamos montar un campamento improvisado?

A la hora de elegir la ubicación, es importante tener en cuenta que la luz del sol proporcionará calor; en consecuencia, si la región en la que te encuentras es fría, será práctico recibir la luz directa del sol en el refugio; por el contrario, si la región en la que te encuentras es excesivamente cálida, siempre será preferible optar por una opción que proporcione sombra.

Además, si eliges una zona sin obstáculos, no tendrás nada que te proteja del viento. Por eso, si te encuentras en una región con mucho viento, lo mejor es que construyas tu refugio en una zona rodeada de árboles robustos para que no quedes expuesto al viento.

En caso de que aumente el nivel del agua en un río o lago por la noche, podrías ser arrastrado si tu refugio está situado demasiado cerca del borde del cauce de agua. Una tormenta aumenta el riesgo de ser arrastrado por el agua.

Construir un refugio demasiado cerca del cauce seco de un río no es una idea inteligente, a pesar de que hacerlo pueda parecer exento de riesgos. El cauce podría volver a fluir en un par de horas, lo que podría provocar graves inundaciones y las consecuencias podrían ser graves.

Tampoco debes elegir regiones que vayan hacia abajo, sino zonas con protuberancias en la tierra o montañosas. Lo ideal sería que fuera una región muy seca; si lo es, no tendrás que preocuparte de que tu refugio se inunde.

Asimismo, mantente alejado de las regiones cercanas a las partes bajas de las colinas porque pueden ser peligrosas en caso de lluvia.

Un manantial o un río pueden actuar como fuente de agua dulce y no deben estar demasiado lejos de tu refugio; sin embargo, debes estar situado a cierta distancia de zonas húmedas como pantanos, marismas u otros lugares que contengan agua.

Comprueba si en los alrededores hay posibles criaderos de mosquitos o insectos, como hormigueros, nidos o agua estancada y fíjate en la dirección del viento antes de construir el refugio.

La dirección en la que sopla el viento es uno de los muchos factores que te ayudarán a determinar dónde colocar la hoguera para que no se propague a tu refugio. Del mismo modo, la ubicación de la hoguera debe estar a una distancia razonable del lugar donde dormirás y te relajarás.

Las cenizas de la hoguera pueden colocarse en un agujero que se haya cavado previamente, y luego puedes cubrirlas con tierra y tumbarte encima para crear una cama improvisada. Esto te ayudará a mantener el calor durante toda la noche. De este modo, las brasas te calentarán y, al mismo tiempo, extraerán la humedad del suelo.

Es especialmente vital barrer el suelo de hojas y plantas en el bosque, ya que puede haber roedores o reptiles venenosos escondidos entre ellas.

Los bosques de coníferas tienen un suelo relativamente seco, por lo que, si te encuentras en uno de estos entornos, lo mejor es que construyas tu refugio dentro del bosque o en su linde.

Técnica 15 Si hay un vehículo cerca, podemos utilizarlo

En el caso de que tu situación de supervivencia sea el resultado de un accidente ocurrido en el interior de un vehículo, lo mejor, suponiendo que el vehículo aún pueda ser habitado, es utilizarlo como refugio y no alejarse demasiado de él, ya que incluso puede servir como señal de socorro para las embarcaciones que pasen.

En caso de que esté completamente destruido, examínalo cuidadosamente para salvar cualquier trozo que pueda servirte para construir tu refugio.

Para que te hagas una idea, por ejemplo, se puede crear aislamiento térmico utilizando periódicos, tanto para el suelo como para cubrir ventanas y otras aberturas de la estructura. Y también tendrás lugares para sentarte o acostarte.

En caso de que no dispongas de cerillas o encendedor, la gasolina será una excelente alternativa para encender fuego.

Basta con humedecer un trozo de tela, papel o esponja de uno de los asientos y, a continuación, crear chispas encima conectando dos de los terminales de la batería, creando fricción con dos piedras o un pedernal, o utilizando cualquier otra cosa que tengas a mano.

Si deseas utilizar el fuego para producir señales de socorro, puedes conseguir un humo denso y oscuro añadiendo aceite de motor al fuego. Este humo es perfecto para llamar la atención porque es muy oscuro y denso.

Técnica 16 Aprovechar al máximo el entorno que nos rodea

Es probable que encuentres la zona ideal para refugiarte si eres un buen observador o si entrenas tus ojos para ello. Esto te permitirá arreglártelas con muy pocos recursos y, al mismo tiempo, aprovechar al máximo el entorno natural que te rodea. Terreno más alto y seco, alejado de fuentes naturales de agua o pozos donde pueda acumularse el agua de lluvia, libre de hormigueros y cuevas o nidos de animales, libre de maleza para garantizar que no haya insectos, con árboles grandes cerca que den sombra y protejan del viento, y cerca del lugar donde sufrimos el accidente o nos dimos cuenta de que estábamos perdidos.

Puedes buscar seguridad en grietas y huecos entre rocas, en cuevas, en formaciones del terreno o en formaciones vegetales si descubres que están desprovistas de animales. Sin embargo, si decides hacerlo, debes proceder con extrema precaución debido a la posibilidad de que sean el hogar de otras especies ya que, si en ese momento están cuidando de sus crías, podrían intentar atacarte.

Técnica 17 Crear un refugio improvisado con láminas de plástico

Cuando se trata de construir un refugio o impermeabilizar el suelo donde vas a dormir, una lámina de plástico es un elemento extremadamente útil que debes tener en tu kit de supervivencia, por lo que no hay duda de que deberías incluir una en tu colección.

En caso de que tengamos acceso a un trozo de lona de plástico suficientemente grande, podremos construir un refugio improvisado atando una cuerda entre dos árboles y levantando la lona como una tienda tradicional en forma de "v" invertida.

Añadiremos unas piedras en los extremos del plástico que ya están en el suelo para mantener el plástico en su sitio y evitar que las paredes de nuestra tienda se muevan cuando haya viento.

Se recomienda cavar un canal poco profundo alrededor de nuestro refugio improvisado. Esto evitará que el agua de lluvia se acumule justo debajo de nuestra posición e impedirá que roedores y serpientes entren en nuestra zona.

Técnica 18 Utilización de un refugio en un árbol

Si no tienes muchos materiales para construir tu refugio, siempre tienes la opción de utilizar los árboles que haya alrededor como plan de reserva.

El más tradicional de todos los posibles refugios de supervivencia, se construye enteramente con materiales que se encuentran en la naturaleza.

Para empezar, hay que recoger tantas ramas como sea posible y, a continuación, con la ayuda de un cuchillo, limpiarlas a fondo para eliminar los insectos que puedan haber anidado en ellas.

Después, ordena todo lo que hayas recogido y limpiado en tres montones distintos. Por un lado, las ramas más gruesas; por otro, las más largas y duras; y por último, las más finas y delicadas.

Si coges las más largas y las colocas una junto a otra, podrás entrelazarlas con la ayuda de hojas alargadas, ramas de vid o las ramas más finas que hayas descubierto. Esto evitará que se suelten y las mantendrá unidas.

Para dar soporte al "muro" que acabas de construir, coloca el tablón de ramas que has preparado en posición vertical y enreda algunas ramas más gruesas hacia ambos extremos del tablón.

Cuando tengas la plancha de madera formada por ramas unidas con hojas alargadas o ramas más finas, puedes apoyarla en un árbol de forma que forme un triángulo, o puedes construir otra plancha bastante parecida para poder hacer una tienda tradicional.

Por último, para garantizar la seguridad de tu refugio, debes cubrir su techo con ramas y hojas adicionales.

Técnica 19 Construye una base o plataforma sobre la que construir tu refugio

Es muy importante garantizar que, sobre todo por la noche, para descansar mejor, no se pierda calor y te puedas proteger de insectos y alimañas; por eso, lo mejor es dormir en un lugar separado del suelo.

La base de tu refugio puede ser de plástico o de tela, tanto si estás en medio del bosque como en la nieve. No te perjudicará la humedad del suelo si lo haces así.

Sin embargo, si estás en la selva, es mejor que construyas tu refugio a unos centímetros del suelo. Esto se debe a que tanto la humedad como el número de insectos son mayores en la selva.

Puedes hacer una cama suspendiendo un trozo de tela o plástico entre dos árboles para crear un espacio separado del suelo, pero utilizable como cama. Si no puedes construirte un techo, tu única opción es cubrirte todo el cuerpo con la ropa que llevas puesta y permanecer cubierto hasta que deje de llover.

Durante la noche, mientras duermes en ambientes fríos, tu cuerpo perderá hasta el ochenta por ciento de su calor debido al frío circundante a través del suelo. Por ello, los cimientos de tu refugio son un componente esencial. Es vital que la superficie sobre la que duermes sea suave, seca, horizontal y cálida.

Sal

El consumo de sal es necesario para la existencia humana. Para hacernos una idea, la cantidad media diaria de sal recomendada para una dieta sana es de cinco gramos. Dado que nuestro cuerpo pierde sal cuando transpiramos y orinamos, es esencial que repongamos la sal que perdemos y, si esto no es posible, que intentemos transpirar lo menos posible. Los calambres musculares, las náuseas y el agotamiento son los primeros signos de que se puede estar experimentando un déficit de sal. Mantener una hidratación adecuada y asegurar una ingesta adecuada de sal son, por tanto, esenciales si quieres mantener tus niveles de energía mientras buscas ayuda.

Técnica 20 Agua de mar

Si estás cerca de una masa de agua salada, como el océano, puedes consumir unas gotas de agua de mar disueltas en agua. De esta manera, podrás incorporar un porcentaje mínimo de sal, cumpliendo con el requerimiento diario, pero sin excederlo, porque al hacerlo te deshidratarás.
Si bebemos una cantidad moderada de agua de mar, sobre todo disuelta en agua normal, nuestro cuerpo puede aprovechar los numerosos beneficios para la salud de este líquido rico en nutrientes; esto es especialmente importante cuando escasea el agua dulce para hidratarse.

Orientación

Puesto que no saber dónde estamos puede suponer un duro golpe emocional, orientarnos correctamente es una cuestión sumamente importante en nuestras vidas.
Por ello, es esencial utilizar métodos de orientación durante un escenario difícil, no sólo para determinar dónde estamos, sino también para determinar el paso del tiempo.

Afortunadamente, existen algunos métodos que nuestros antepasados utilizaban prácticamente a diario antes de la invención del GPS. Por ello, es muy posible que, si te encuentras perdido, puedas volver a la civilización con un buen manejo de estos métodos. Permíteme que te los explique con más detalle:

Técnica 21 Orientación mediante sombras

Esta técnica consiste en registrar el tiempo transcurrido mediante el seguimiento de la posición del Sol en distintos puntos del cielo.

Para empezar a utilizar la orientación por sombras, clava primero un trozo de madera en el suelo sobre una superficie plana. A continuación, coloca una piedra en el borde de la sombra para indicar su límite. Si no tienes reloj, espera entre quince y veinte minutos, lo que equivale aproximadamente a cinco canciones cortas o tres largas. Una vez transcurrido ese tiempo, señala la nueva posición.

Si haces dos marcas en el suelo y luego trazas una línea recta entre ellas, podrás hacerte una idea general de dónde están situados el este y el oeste. Es importante tener en cuenta que el sol sale por el este y se pone por el oeste. Además, la trayectoria de la sombra es siempre perpendicular a la del sol.

Si miras en la dirección del sol naciente, verás el norte a tu izquierda y el sur a tu derecha.

Técnica 22 Localización utilizando un reloj como punto de referencia

Es necesario que tu reloj sea analógico para aplicar esta técnica y mejorar las probabilidades de que alguien pueda encontrarte.

Si te encuentras en el hemisferio norte, debes orientar la aguja que mide las horas hacia el sol. Esto hará que se "dibuje" una línea entre la manecilla de las horas y las 12:00 en punto. Esa línea apuntará hacia el sur. Si te encuentras en el hemisferio sur, la línea apuntará hacia el norte. Además, si te encuentras en el hemisferio sur, apuntará hacia el norte.

El buen funcionamiento del reloj es, por supuesto, de suma importancia.

Técnica 23 Localización utilizando sólo el entorno y sus características

En caso de que no puedas ver el sol, la luna o las estrellas debido a las condiciones del entorno, tendrás que recurrir a otro indicador natural para establecer hacia dónde estás orientado.

Es importante señalar que, aunque estas técnicas son útiles, no producen resultados totalmente precisos.

Fíjate bien primero en los árboles. El lado del árbol que está expuesto a más luz solar suele tener más follaje. Ese lado más frondoso suele marcar el sur.

Por otra parte, el musgo tiende a desarrollarse mejor en la cara norte de los árboles, que suele ser la que recibe más sombra y humedad. Sin embargo, el crecimiento del musgo también puede deberse a otras circunstancias, y aunque estas variables no siempre indican el norte, conocer su ubicación general a veces puede ser útil.

Para nuestra fortuna, la orientación correcta puede lograrse mediante el uso de la navegación y el posicionamiento de estrellas. A continuación, se enumeran algunos de los patrones estelares y constelaciones más sencillos de reconocer:

Una de las estrellas más importantes a tener en cuenta a la hora de establecer una posición es la conocida como **Estrella Polar**. Debido a su ubicación, no se mueve con la rotación de la Tierra. Esto se debe a que se encuentra directamente sobre el eje que utiliza la Tierra para girar, por lo que no se mueve en absoluto. Sólo se ve en el hemisferio que está por encima del ecuador.

La Cruz del Sur es una constelación formada por cinco estrellas que sirve para situarse en el hemisferio sur. A pesar de que no siempre es sencillo encontrarla en el lugar correcto.

Crear una hoguera

El fuego será esencial para cocinar los alimentos, producir calor, ahuyentar a los mosquitos, secar la ropa y, lo que es más importante, servir de señal para pedir ayuda cuando se esté en apuros. El agua es necesaria para hidratarse, pero el fuego es más importante aún.

En consecuencia, tendrás que empezar a pensar en el fuego y a prepararte para él desde el principio de tu viaje de supervivencia.

Reúne artículos inflamables como nailon, algodón, colonia, alcohol y combustible, así como cerillas, encendedores y pedernales de magnesio. Además, debes hacer acopio de paja, estiércol de vaca seco, hojas secas, troncos, ramas y cualquier otra cosa que pueda servir de yesca y leña.

Coloca el material más fácil de quemar en la base y ve subiendo hasta el material más grueso empezando por el suelo. Haz un agujero en la base del conjunto de materiales con las manos para encender el fuego en ese lugar y permitir que el aire facilite el crecimiento del fuego de forma más fácil. Puedes conseguir el mismo resultado apilando unas cuantas piedras encima del grupo de troncos y ramas.

Hacer fuego puede conseguirse de varias maneras, dependiendo de los recursos de que dispongas. Estos son los más prácticos, sencillos y eficaces:

Técnica 24 Encender fuego por fricción

Crear una muesca en un trozo de madera seca o en una tabla de unos treinta centímetros de longitud es el primer paso para encender un fuego. Sobre esta muesca, se frota sin parar un palo seco de madera más dura hasta que empiecen a formarse virutas en un extremo de la muesca, sigue o frotándolo hasta que se calienten cada vez más hasta que comience la combustión. Cuando se haya formado una brasa, hay que colocar inmediatamente la yesca encima y soplar para encenderla. Como este procedimiento puede durar varias horas, la paciencia va a ser tu mejor aliada en este momento.

Utiliza un trozo de madera blanda que se haya secado, córtalo por la mitad, hazle un surco con una piedra y, a continuación, coloca un palo robusto de madera más dura sobre el trozo de madera blanda abierto mientras empiezas a girarlo rápidamente con las manos. Esta es una forma alternativa. Como resultado del frotamiento, el polvo que expulsa la madera blanda producirá una especie de brasa. La yesca, que había quedado oculta bajo la ranura que se había formado en la madera blanda, empezará a prender fuego. Este método es más difícil que el anterior y requiere práctica.

El uso de un arco que tiene la cuerda enrollada alrededor de un palo de madera dura, lo que se conoce como taladro de arco, es una tercera técnica que hace esta tarea más manejable. Para presionar el palo mientras se sujeta por la parte superior, se utiliza una piedra con una depresión o un hueso de un animal. Es necesario que la rama pueda moverse con rapidez mientras mantiene su posición dentro de la ranura que se ha marcado en la madera blanda o hueso. El movimiento de vaivén del arco hace que la vara gire a gran velocidad, lo que produce fricción. El calor que se produce se aprovecha para prender fuego a un combustible, como hierba seca, paja o yesca, que se ha colocado alrededor del punto de frotamiento.

Técnica 25 Fuego por percusión

Es necesario golpear una piedra dura contra una piedra rica en hierro, como la marcasita o la pirita, para que la colisión produzca chispas. La chispa que se forma al chocar estos dos tipos de piedra tiene que entrar en contacto instantáneo con un material altamente combustible, como pelo, hojas secas, estopa, virutas de madera, paja o algún otro tipo de yesca natural o artificial, como trapos carbonizados o simplemente mecha de algodón.

Técnica 26 Aislamiento de materiales para fuego

Las cerillas son artículos esenciales que no deben faltar en ningún equipo de supervivencia. Como están hechas de madera, es esencial protegerlas de la humedad; por lo tanto, se recomienda que su embalaje, que suele ser de cartón, se guarde dentro de una bolsa de plástico.

Técnica 27 Encendedor, mechero o pedernal

Cuando intentas sobrevivir en la naturaleza, es una buena idea llevar contigo un mechero porque hará que sea mucho más sencillo encender un fuego. Sin embargo, una vez que se acabe el gas, no debes tirar el mechero, ya que el hilo metálico seguirá emitiendo chispas, que tienen el potencial de iniciar más llamas. Si esto no funciona, prueba a cortarlo por la mitad y rellenarlo con yesca; verás cómo la chispa empieza a salir al girar la ruedecita metálica y prenderá rápidamente la yesca. También llevar un pedernal contigo podrá ayudarte en situaciones complicadas a la hora de encender un fuego. Simplemente amontona hojas, pajas y ramas finas y secas para que la chispa producida por el pedernal caiga en ellas y puedas empezar el fuego correcta y rápidamente.

Técnica 28 Sol

Utilizando una lupa, un espejo cóncavo o un juego de espejos, es posible concentrar la luz del sol en un lugar específico de un combustible y encender fuego en ese lugar. Si quieres encender un fuego utilizando una lupa o un espejo, tienes que ajustar la altura de la lupa para que los rayos del sol se concentren en un único punto. Esto te permitirá encender un fuego.

Envío de señales de socorro

En todo el mundo, las personas se comunican entre sí mediante señales de socorro. No importa dónde te encuentres ni qué idioma hables; si utilizas los símbolos de socorro, cualquier embarcación que esté transitando por la zona en la que te encuentras entenderá que necesitas ayuda.

Para llamar la atención y facilitar su localización, puedes utilizar elementos como silbatos y bengalas, señales de humo o el uso de espejos, agitar trozos de tela o llevar ropa que destaque.

Caminar por el barro o la nieve deja un camino que se puede seguir, lo que ayudará a los rescatadores a encontrarte si tienes razones para creer que han empezado a buscarte a ti o a otro miembro de tu grupo.

Por otra parte, la señal internacional de socorro es un triángulo equilátero, por lo que colocar tres hogueras en esta disposición llamará la atención sobre lo que está ocurriendo. También es útil escribir "SOS" o el código de emergencia tierra-aire que utiliza la Organización de Aviación Civil Internacional, escarbando en el suelo o utilizando piedras para dibujar una V de "requiero asistencia", una X de "requiero asistencia médica" o una flecha que indique la dirección en la que te encuentras.

El uso del código Morse, que puede realizarse con sonido o con luces, es otra técnica de comunicación que puede utilizarse. Puedes hacerlo con linternas o luces que puedes ir tapando a intervalos. El código para trasmitir la señal de SOS sería: punto, punto, punto, raya, raya, raya, punto, punto, punto. Así que, en el caso de usar luces, simplemente procede haciendo destellos cortos en el caso del punto o largos en el caso de la raya.

Método 29 Tres fuegos diferentes

El fuego es una de las formas más eficaces de notificar la localización de una persona que necesita ser rescatada. Es importante tener en cuenta que enviar una señal de SOS con tres señales idénticas siempre se entenderá; en consecuencia, lo mejor es encender tres fuegos. Deben disponerse en triángulo equilátero con distancias iguales entre cada uno de los puntos, si es posible.

Técnica 30 Códigos tierra/aire

Hay varias señales diferentes que pueden utilizarse para transmitir el mensaje de que se necesita ayuda. En general, debes procurar que estas señales sean lo más grandes y evidentes posible, y a menudo debes utilizar un color que destaque en comparación con su entorno. Por ejemplo, la letra "F" en una señal indica que se necesita comida y agua.

Técnica 31 Espejos y otros elementos brillantes

Un espejo es un medio de comunicación eficaz cuando el tiempo está despejado. Es posible que una jarra, un utensilio metálico, la hebilla de un cinturón u otro objeto que refleje los rayos del sol también resulten eficaces.

Técnica 32 Ropa

Otro método de señalización consiste en colocar la ropa en el suelo o en lo alto de un árbol. Para llamar más la atención, debe colocarse siguiendo un patrón geométrico de gran tamaño.

Técnica 33 Señalización sonora o luminosa

Silbar a un ritmo de seis veces por minuto es una de las formas más conocidas de enviar una señal de SOS. Esta señal puede producirse con un silbato. También puedes crear seis destellos de luz si tienes una linterna.

Técnica 34 Materiales naturales

Si no se puede acceder a los componentes descritos anteriormente, se pueden utilizar otros materiales naturales, como terrones, diversos tipos de vegetación o piedras, para crear un símbolo o mensaje que pueda leerse desde el aire. En los lugares donde hay un manto de nieve, se puede cavar un agujero en forma de símbolo y rellenarlo con ramas u otros tipos de plantas. Para mejorar el contraste y conseguir un aspecto atractivo desde arriba, en las zonas con arena se deben utilizar piedras enormes, plantas o algas.

La mejor manera de garantizar que los símbolos sean legibles para la tripulación de la aeronave es seleccionar materiales que contrasten con el entorno circundante. Esto se aplica independientemente del tipo de terreno.

Interacciones con organismos vivos, tanto animales como vegetales

Encontrar una forma de interactuar pacíficamente con el entorno que te rodea va a ser esencial para tu supervivencia, acabes donde acabes.

Hay que tener en cuenta que la especie humana abandonó el medio natural y primitivo hace miles de años, y que volver a entrar en él en caso de una situación de supervivencia nos pondría en desventaja frente al resto de animales que hoy siguen habitando esos medios naturales y no habitados por humanos.

Por ello, el comportamiento de todo el ecosistema, incluidas las plantas y los animales, puede proporcionarnos importantes conocimientos necesarios para nuestra existencia.

Técnica 35 Observa e interpreta el comportamiento de los animales y responde adecuadamente

Es probable que los animales con los que te cruces durante tu calvario no estén tan desorientados como tú y, en consecuencia, tendrán un conocimiento superior del entorno, incluida la topografía, el clima y la forma de anticiparse a la aparición de fenómenos naturales.

Busca la forma de conseguir comida o bebida siguiendo las huellas dejadas por los animales. Sin embargo, mantén una distancia prudencial con ellos ya que, si perciben que están en peligro, pueden intentar atacarte o huir de la zona.

Técnica 36 Aparenta ser más grande y poderoso si hay criaturas potencialmente dañinas en la zona

Si te encuentras en una situación de supervivencia, deberías, como mínimo, tener una idea general de en qué parte del mundo te encuentras y, en consecuencia, con qué tipo de animales podrías cruzarte mientras deambulas. Esta información es esencial a la hora de buscar materias primas para el refugio y el fuego y de asegurarse de encontrar una fuente natural de agua. También es importante a la hora de analizar las posibilidades de pedir ayuda mientras investigas el paisaje y determinar si es posible hacerlo o no.

Si ves animales a lo lejos, es imprescindible que los vigiles y evalúes su comportamiento, pero también es necesario que no te inmiscuyas en sus dominios. Si lo haces, los animales pueden sentirse amenazados e intentar atacarte. Esfuérzate por pasar desapercibido.

Ahora bien, si por casualidad te cruzas muy cerca de un animal salvaje, carnívoro y poderoso como un león, más vale que le hagas saber que eres tan fuerte como él demostrándole que puedes mantenerte firme frente a frente. Mantén el contacto visual y levanta los brazos para dar la impresión de que eres más grande de lo que eres. Grita lo más fuerte que puedas mientras te estiras todo lo que puedas y levantas los brazos; de este modo, el animal en cuestión buscará la forma de escapar.

Técnica 37 No entres en lugares donde haya animales adultos y sus crías porque puede ser peligroso

Cualquier animal que tenga crías hará todo lo posible por protegerlas, aunque esa especie no cace y parezca completamente inofensiva.

Los elefantes, por ejemplo, son animales muy inteligentes que suelen ser pacíficos y establecer fuertes vínculos con los humanos. Sin embargo, a veces son capaces de mostrarse agresivos, sobre todo cuando son madres y perciben una amenaza para sus crías. El cuerpo doblado y las orejas hacia atrás son indicios de esta reacción. En este tipo de situaciones, no intentes huir del animal, sino interpón algo entre tú y él, como un árbol o una roca.

Técnica 38 Hacer ruido

Es posible que, cuando te encuentres en una situación de supervivencia, seas tú quien sea atacado por un animal salvaje y no al revés. Hacer mucho ruido es la mejor manera de demostrar tu poder y autoridad sobre una situación. De forma similar, esto es algo que ocurrirá específicamente si estás en una zona donde existe la posibilidad de que haya osos o lobos. Cuando se trata de osos, es mejor prevenir los encuentros con ellos utilizando una campana o un generador de ruido para ahuyentarlos. Sin embargo, si aparece un oso, hay que hacer todo lo posible por huir lo antes posible, porque las madres se vuelven extremadamente agresivas cuando intentan proteger a sus crías.

Y si por casualidad te encuentras en presencia de un oso salvaje, tienes dos opciones: o vuelves a levantar los brazos, te estiras todo lo que puedas para parecer más grande y gritas todo lo fuerte que puedas para espantarlo, o puedes hacerte el muerto tumbándote en el suelo, rodando sobre tu cuerpo y protegiéndote el cuello con las manos mientras esperas allí hasta que el animal se vaya. Es de suma importancia que estés seguro de que se ha ido antes de levantarte, ya que hay casos en los que esperan durante un tiempo considerable.

Técnica 39 Permanecer inmóvil

Estos consejos se dirigen exclusivamente a las personas encargadas de sobrevivir en el medio marino.

Lo mejor para ti es mantenerte alejado de las zonas donde se sabe que habitan los tiburones; no obstante, si estás en el mar y uno de estos depredadores te pilla desprevenido, debes mantener la compostura por difícil que sea. Les atrae el movimiento, por lo que es importante que mantengas la postura y permanezcas lo más quieto posible.

Como los tiburones inspeccionan con frecuencia objetos novedosos, debes mantener la compostura, aunque te roce con el hocico. En caso de que intente atacarte, debes protegerte golpeándole en los ojos y las branquias, que son zonas vulnerables de su cuerpo.

Técnica 40 ¡Mira por dónde vas!

Examinar el paisaje, acumular provisiones y mantener un estado de vigilancia son elementos esenciales para la supervivencia. Sé consciente de lo que te rodea en todo momento y vigila de cerca tu espalda como componente vital de la conciencia elevada y la concentración comprometida que se requiere de ti en todo momento.

Cuando se trata de animales, los alces y los ciervos son los únicos que atacan si se sienten acorralados o amenazados de algún modo. Si se sienten amenazados de algún modo, nunca debes darles la espalda porque estas criaturas atacan por detrás si tienen la ocasión.

Técnica 41 Desconfía de las plantas, por muy bonitas que parezcan

Cuando busques frutas para comer, se recomienda empezar por las variedades más conocidas. Asegúrate de mantenerte alejado de todas y cada una de las setas, así como de las siguientes flores y hojas:

Si consumes, aunque sea muy poca cantidad de la planta del lirio, pones a tus riñones en riesgo de sufrir daños catastróficos.

Las semillas o "nueces" de la palmera sagú tienen la mayor concentración de toxinas, de hecho, toda la planta es tóxica. La ingestión de tan sólo una o dos semillas puede provocar efectos secundarios muy desagradables, como náuseas, vómitos y diarrea.

Los tulipanes contienen toxinas que pueden provocar graves molestias gastrointestinales e incluso vómitos y diarrea.

La azalea contiene sustancias químicas denominadas grisatoxinas, conocidas por producir náuseas, diarrea y debilidad.

Se cree que la adelfa es venenosa debido a la presencia de glucósidos cardíacos en sus componentes. Estos glucósidos cardíacos son capaces de provocar importantes efectos secundarios, como inflamación del tracto gastrointestinal, funcionamiento irregular del corazón e hipotermia.

Semilla de ricino: contiene ricina, una proteína muy venenosa que puede provocar graves molestias abdominales, vómitos, diarrea, sed extrema y debilidad. La ricina se encuentra en las semillas de ricino.

Se sabe que el ciclamen contiene ciclamina, aunque la sección de la planta que suele tener la mayor concentración de este componente potencialmente nocivo es la raíz.

El Kalanchoe es una planta que ha demostrado tener componentes que pueden irritar el tracto gastrointestinal.

El arte de sobrevivir en el desierto

En caso de que nos separemos de nuestro grupo y nos quedemos varados en el desierto, el calor será nuestro principal adversario y tendremos que tomar medidas para protegernos de él.

Las tormentas de arena y las bajas temperaturas nocturnas también son factores importantes. En estas circunstancias, tenemos que hacer todo lo que esté en nuestra mano para minimizar la cantidad de agua que se pierde.

El desierto es una de las regiones más inhóspitas del mundo, con temperaturas casi intolerables durante el día debido al intenso calor y temperaturas que descienden a niveles muy bajos por la noche. Además, hay una serie de animales increíblemente mortíferos que viven en la arena.

Por ello, debemos tomar medidas para protegernos también de los animales, ya que existe la posibilidad de que nos topemos aquí con algunas criaturas altamente mortíferas, como serpientes, escorpiones o alacranes, así como con diversos depredadores que lo habitan.

Técnica 42 Dónde encontrar agua en el páramo seco

En el desierto, asegurarte de no deshidratarte debe ser una de tus primeras prioridades. Si no lo haces, te pondrás en una situación muy precaria. Aunque es inteligente limitar la cantidad de agua que bebes cada día, nunca debes beber menos de lo que tu cuerpo necesita. O al menos deberías intentar que no sea así.

Si ves un pájaro volando cerca de ti, no te alejes de él. Casi siempre van donde pueden encontrar agua. Las huellas de animales son otro posible medio de navegación.

Si encuentras un lugar húmedo, excava en busca de agua. Los cañones secos o los lechos de los ríos suelen contener pequeñas depresiones perfectas para la acumulación de este líquido.

No intentes sacar agua de un cactus porque la gran mayoría de ellos son dañinos.

Técnica 43 Protegerse del sol

En entornos áridos, el calor del sol puede ser letal, a pesar de que su presencia es esencial para nuestra supervivencia. Puedes protegerte de él cubriéndote la mayor parte de la piel con ropa de color claro y no demasiado gruesa. Ponte un sombrero, unas gafas de sol y guantes si puedes.

Es recomendable que no te muevas en todo el día si tu situación es mala y no sabes con certeza cuánto tiempo vas a permanecer allí. Esto se debe a que podrías estar en peligro. Busca o construye un escondite que te oculte del sol durante el día y no te aventures a salir hasta que el sol se haya puesto.

Técnica 44 Ahorra energía

Los síntomas del agotamiento por calor suelen incluir náuseas, mareos, piel fría, húmeda y pegajosa. Otros síntomas son las náuseas. En situaciones así, debes intentar descansar, beber un poco de agua salada o simplemente agua y humedecerte la frente, el vientre, el cuello y las muñecas.

Para evitar gastar energía y líquidos durante el día, debes hacer todo lo posible por permanecer a la sombra, aprovechar la oportunidad para echarte la siesta y relajarte. Si tienes un plan o una idea general de adónde debes ir, deberías empezar tu viaje cuando el sol se esté poniendo.

Técnica 45 Centra tu atención en el suelo que tienes debajo

Hay una variedad de especies dañinas que llaman al desierto su hogar, incluyendo serpientes, abejas asesinas, escorpiones, arañas y coyotes, entre otros. Las cuevas y ruinas o cuevas suelen albergar algunas de estas criaturas; por lo tanto, debes evitar entrar en ellas.

La mayoría de los reptiles y mamíferos te evitarán si pueden. Y tú debes seguir su ejemplo. Para ello, examina detenidamente las zonas situadas bajo las rocas y troncos que encuentres, ya que animales como escorpiones y serpientes suelen utilizarlas como cobertura. Si decides salir por la noche, debes extremar la precaución, ya que es el momento del día en que los depredadores se aventuran en campo abierto en busca de presas.

Técnica 46 Si planeas venir al desierto, debes prepararte con antelación

Dado que, como vas a comprobar, el desierto es uno de los entornos más inhóspitos para el ser humano, te recomiendo encarecidamente que sigas las siguientes pautas si tienes intención de viajar a él o de caminar por zonas cercanas:

La ropa de algodón 100% o lino de manga larga y tono claro es apropiada para el desierto. Si quieres concentrar el calor corporal, puedes hacer como los beduinos y llevar prendas que se superpongan. Al mismo tiempo, será esencial cubrirse toda la piel con un sombrero, gafas de sol, un pañuelo que cubra parte de la cara y el cuello, una camisa ligera de algodón o lino de manga larga, pantalones ligeros de algodón o lino hasta los tobillos, calcetines altos de algodón, calzado cerrado y cómodo y guantes para las manos. Así evitarás que el sol dañe cualquier parte de tu piel.

Dado que la temperatura tiende a descender considerablemente por la noche, es esencial llevar abrigos de lana que permitan respirar a la piel y, al mismo tiempo, mantengan el calor cuando refresca en el exterior.

Las altas temperaturas que experimentará en el desierto te obligarán a transpirar mucho, lo que te hará perder una cantidad significativa de líquido. Por lo tanto, lleva tanto agua como puedas y algunas pastillas de sal en la mochila. Asegúrate también de llevar algún tentempié.

Además, transporta productos de pequeño volumen y peso, pero de gran valor nutritivo. Barritas energéticas, pemmican, frutos secos y alimentos deshidratados o liofilizados son algunos ejemplos de este tipo de comida. Consumir alimentos ricos en sal y potasio te permitirá reducir la cantidad de sudor que produces, lo que a su vez te ayudará a evitar el agotamiento por calor.

En caso de que se agote el suministro de agua, debes reducir al máximo el consumo de alimentos.

Técnica 47 Kit de supervivencia en el desierto

Te resultará mucho más sencillo sobrevivir en el desierto si incluyes en tus provisiones un equipo de supervivencia con los siguientes elementos: una brújula, pastillas potabilizadoras de agua, linternas potentes, botiquín de primeros auxilios, espejos de señalización y una bolsa de plástico. Si no dispones de un equipo de supervivencia con estos elementos, te resultará mucho más difícil sobrevivir.

Técnica 48 Qué hacer en caso de desorientación en el desierto

Si te encuentras perdido en el desierto, lo primero que debes hacer es sentarte un rato y ordenar tus pensamientos. No sigas caminando porque corres el riesgo de perder la orientación y, además, estarás gastando líquidos y energía que quizá no puedas reponer por la falta de recursos disponibles.

Debes permanecer alejado del sol tanto como sea posible y considerar la posibilidad de restringir tanto el agua como la comida comiendo porciones muy pequeñas cada cuatro horas aproximadamente.

Si no tienes más agua, recoge algunas hojas verdes y métalas en una bolsa cerrada para pasar la noche. Cuando te despiertes por la mañana, la bolsa habrá acumulado parte de la humedad; ahora puedes abrirla y beberte el contenido.

El arte de sobrevivir en el selva

Después de sobrevivir en el desierto, uno de los entornos más difíciles para hacerlo es la selva. El clima cálido y pegajoso de la jungla puede minar nuestras fuerzas y, aunque estemos rodeados de agua, es posible que perezcamos de sed.

En la selva, tenemos que tomar precauciones para protegernos del calor, la humedad, los insectos y las alimañas, así como asegurarnos de que tenemos agua, de que podemos descansar sin peligro y de que podemos encender un fuego.

Técnica 49 La principal fuente de riesgo en la selva

Uno de los riesgos más importantes a los que te enfrentas en la selva es la posibilidad de contraer una enfermedad transmitida por insectos. Y es que el clima y la abundancia de vida vegetal y animal ofrecen condiciones ideales para la rápida multiplicación de parásitos y gérmenes.

Por lo tanto, si vas a viajar por lugares considerados selváticos, debes vestir prendas de algodón de color claro, similares al atuendo que se sugiere para el desierto, es decir, ropa que cubra toda la piel. Además, debes llevar siempre contigo un repelente de insectos eficaz y encender un fuego siempre que tengas la oportunidad de hacerlo para ahuyentar a los mosquitos. Evita los lugares cubiertos de plantas y con agua estancada.

Técnica 50 Ayuda a prevenir infecciones

El ambiente cálido y húmedo de la selva es ideal para el crecimiento de hongos, gérmenes, parásitos y otros animales indeseables.

Por lo tanto, en caso de sufrir una herida, es muy recomendable limpiarla con frecuencia y cuidarla adecuadamente. En esta situación, es fácil contraer infecciones y es difícil que las cicatrices se cierren y cicatricen correctamente.

Hay que evitar caminar por zonas demasiado húmedas y siempre hay que mirar al suelo por el que se camina, ya que se puede caer fácilmente en barro o agua estancada repleta de insectos y sus larvas.

Técnica 51 Toma precauciones para evitar las picaduras de insectos

En la selva tropical, la transmisión de parásitos de un ser vivo a otro suele correr a cargo de insectos. Por ello, hay que tomar precauciones para evitar que te piquen. Si puedes comer un diente de ajo crudo, o si puedes colocar una cabeza o dos de ajo en tu mochila como parte de tu equipo, será perfecto. Hacer cualquiera de estas cosas será beneficioso para ti porque el ajo es un repelente natural de insectos.

Técnica 52 Es inapropiado orinar en el río

Hay una especie de pez que vive en climas cálidos que se conoce como "pez vampiro". Otro nombre para este pez es "candirú". Este pececillo, que habita en arroyos y otras masas de agua con poco movimiento, tiene la capacidad de nadar a contracorriente y abrirse paso por el chorro de orina hasta la uretra de su huésped, donde permanecerá el resto de su vida. Además, los ríos albergan una especie de peces conocidos como "palometas", que pueden detectar el olor de la sangre a grandes distancias y abalanzarse sobre su presa con sus dientes puntiagudos.

Técnica 53 Si hay senderos señalizados o ríos, debes ceñirte a ellos

Es casi imposible orientarse en la selva, igual que en el desierto. Por lo tanto, si te encuentras con senderos o ríos, debes seguirlos porque son pruebas de caminos humanos y podrían llevarte a un pueblo o a una carretera.

Técnica 54 Cuando vayas de excursión por el bosque, asegúrate de vestir ropa que te cubra todo el cuerpo

Debes llevar ropa que le cubra todo el cuerpo, que sea de algodón y de color claro si vas a la selva o al desierto. Además, comprueba que el calzado te cubre completamente el pie. Asegúrate de llevar un par de juegos de ropa interior de repuesto y calcetines hasta la rodilla. Si no tomas precauciones, corres el riesgo de pincharte con espinas, pinchos o ser picado por un gran número de insectos.

Para ir a la selva, lo más apropiado es vestirse con una camisa de cuello de manga larga y pantalones largos, ambos de algodón puro y de color blanco. También debemos llevar calcetines altos por fuera del pantalón para evitar que los insectos entren en nuestras piernas, y además de todo esto, debemos llevar un conjunto de pantalones impermeables y una sudadera. Lleva también contigo un pañuelo fino de algodón que, además de proteger la cara y el cuello del sol, pueda empaparse de agua fría y utilizarse como compresa refrescante en la nuca cuando la temperatura se dispare.

Técnica 55 Presta atención al suelo bajo tus pies

Vigila todos tus movimientos. Los animales que andan a sus anchas siempre harán su hogar en troncos, rocas y otras cosas; si los molestas, pueden salir de sus escondites y atacarte. Si no puedes evitar caminar cerca de ellos, haz todo lo posible por mantenerte alejado y procede con precaución si debes hacerlo.

Técnica 56 Protégete la cabeza

Llevar un sombrero de calidad en todo momento no sólo te protegerá de los dañinos rayos del sol, sino también de los molestos insectos que con frecuencia caen de los árboles.

Técnica 57 Sé silencioso

Haz todo lo posible por pasar desapercibido, especialmente de noche.

Es mejor estar bien cubierto y cerca de la hoguera durante la noche. Así ahuyentarás a los insectos y roedores, que no sólo son peligrosos por sus picaduras, sino también por las heridas que dejan, con tendencia a infectarse en este clima.

Técnica 58 Evita tumbarte en el suelo

Asegúrate de llevar contigo al bosque algunas cuerdas o cordeles para colgar las mantas u otras prendas que lleves. Lo más importante es no dormir en el suelo, sino disponer de una hamaca donde descansar sin correr el riesgo de ser mordido por un animal. Dormir en el suelo te pone en peligro de ser atacado por animales salvajes.

Puedes llevarte crema de afeitar y utilizarla para untar las puntas de las cuerdas cuando termines la jornada. De este modo, no tendrás que preocuparte de que ningún insecto perturbe tu sueño, especialmente las hormigas.

Y ni que decir tiene que deberías meter en la mochila una manta térmica o algún otro tipo de tejido aislante que pueda envolverte por completo. No sólo te protegerá de las picaduras de insectos, sino que también mantendrá el frío a raya.

Técnica 59 Asegúrate siempre de que tus zapatos están vacíos antes de ponértelos

Busca dos troncos de madera y fíjalos al suelo; después, cuando te quites los zapatos, cuélgalos allí y déjalos en posición invertida; así evitarás que los insectos entren en ellos. Del mismo modo, antes de volver a ponértelos, debes asegurarte de que no hay nada escondido en su interior.

El arte de sobrevivir en el bosque

No estarás expuesto a temperaturas extremas si no estás en invierno, por lo que no tendrás que preocuparte por el calor o el frío y la humedad no será un problema, lo cual es una buena noticia si te encuentras en una situación precaria en el bosque. No es probable que los insectos, roedores y animales puedan causarte un gran daño. Claro, eso dependiendo de en qué zona del globo te encuentres.

Sin embargo, es necesario tener sólidos conocimientos de botánica, ya que algunas plantas venenosas pueden parecerse a las plantas comestibles.

Técnica 60 Permanece cerca del lugar donde te perdiste

Esto no sólo aumentará la probabilidad de que alguien te encuentre, sino que también reducirá la cantidad de energía que consume tu cuerpo, así como la cantidad de agua y alimentos que necesitas para sobrevivir.

Técnica 61 Encender un fuego

Asegúrate de que tienes suficiente leña seca y enciende un fuego lo suficientemente grande como para mantenerte caliente durante muchas horas. Asegúrate también de que el fuego tenga el tamaño adecuado. Esto no sólo te mantendrá caliente, sino que también ahuyentará a insectos y animales y puede llamar la atención de los equipos de rescate.

Técnica 62 Da señales de localización

Silba, grita, canta o golpea las rocas con piedras; hagas lo que hagas, intenta llamar la atención de los que pasan, sobre todo si no pudiste hacerles señales. Si ves pasar vehículos, aviones o embarcaciones y no has podido hacerles señales, intenta anotar las horas y, cuando las veas, intenta llamar la atención de los que pasan.

Técnica 63 Realizar expediciones en la zona más próxima

Para evitar sorpresas desagradables, debes familiarizarte a fondo con la región en la que se situarán tu refugio y la hoguera. Realiza una búsqueda exhaustiva de la zona en el sentido de las agujas del reloj para asegurarte de que no hay peligros potenciales en las inmediaciones, como madrigueras de animales o charcos de agua estancada, que podrían atraer mosquitos a tu ubicación. Además, asegúrate de no montar la tienda en lo alto de hormigueros o cerca de ríos, por si el nivel del agua sube a lo largo de la noche.

La lucha por la vida en los polos

Si te encuentras varado en las regiones polares u otras regiones extremadamente frías, una de las cosas más importantes que puedes hacer es construir un refugio que te proteja no sólo de la temperatura, sino también del viento y la humedad, ya que estos factores amplifican los efectos perjudiciales del frío.

Cuando nos encontramos en ambientes fríos, la función principal es mantener tanto nuestro calor corporal como el producido por otras fuentes de calor que podamos emplear. Para lograrlo, el refugio debe tener un tamaño adecuado sin ser excesivamente grande y no debe haber corrientes de aire.

Técnica 64 Crea primero un refugio seguro para ti

Es posible construir una gran variedad de casas en la nieve, incluido el conocido iglú, que, por su forma arqueada y esférica, es un edificio excepcionalmente resistente.

Es importante tener en cuenta que construir un iglú no se hace en un solo día y que no es una tarea fácil. Por eso, si no dispones del tiempo necesario, puedes plantearte cavar un agujero en el suelo, colocar un poco de tela o aislante debajo, sentarte y cubrirte con otro trozo de plástico o un cortavientos.

También puedes hacer una cueva de nieve, pero para ello necesitarás una pala o alguna otra herramienta improvisada que puedas utilizar para cavar en zonas donde haya nieve amontonada. Se recomienda cavar una pequeña caverna con un lecho que esté a unos cuarenta centímetros por encima del nivel del suelo. En caso de que necesites utilizar la pala para salir a primera hora de la mañana, es vital recordar que debes guardarla dentro del refugio. Si enciendes una vela dentro de este refugio, la temperatura aumentará unos grados y si se apaga la llama, revelará que hay la presencia de dióxido de carbono en el aire.

Técnica 65 Asegúrate de que tus pies se mantienen calientes y secos

Dado que son las partes del cuerpo más afectadas por el frío, nuestros pies necesitarán mantenerse calientes y secos en todo momento. Es esencial para nuestra supervivencia mantener la temperatura adecuada en los pies. Por ello, siempre hay que llevar dos o tres pares de calcetines adicionales en la mochila; de lo contrario, las repercusiones serán muy graves para todos nosotros.

Es esencial quitarse los calcetines y los zapatos cada ocho o doce horas y dar suaves masajes a los pies frotándolos con movimientos circulares. Esto permitirá que los pies se calienten y mejore la circulación sanguínea. Alterna los calcetines con un par seco y cálido, que puedes colocar entre las capas de ropa para que resulten más acogedores.

Gracias a ello, tus pies permanecerán secos y calientes durante más tiempo. El frío, la humedad y el sudor contribuyen a aumentar significativamente la incomodidad, así como a una mayor disminución de la temperatura en esta región.

Mantener la salud en el mar

Si a los humanos nos resulta tan difícil mantenernos con vida en tierra firme, a pesar de que llevamos haciéndolo cientos de miles de años, mantener la vida en alta mar es un reto aún más difícil de superar.

Los mayores desafíos para los náufragos son la hipotermia, la sed, el agotamiento y el sueño.

Por ello, lo primero que debes hacer si te encuentras en una situación en alta mar que te exija sobrevivir es conseguir el control de su propia mente, a pesar de que esto pueda parecer una tarea extremadamente difícil. Empieza por respirar lenta y profundamente diez veces para concentrar tu atención en el momento presente y alejarte de miedos o de impulsos arriesgados.

Técnica 66 Prevención de la deshidratación

Si estás en un barco que flota, debes esforzarte por extraer agua dulce del agua salada. Por otro lado, si te encuentras a la deriva en medio del océano, debes abstenerte de relajarte y evitar beber el agua que te rodea. Si te resulta imposible recoger agua, puedes tomar un pequeño sorbo de agua de mar en tu boca e ir mezclándolo con tu saliva para así al menos consumir algo de minerales y ayudar a tu cuerpo a retener más líquidos.

Técnica 67: Protegerse de la hipotermia

Es fundamental mantener calientes las partes del cuerpo que pierden más calor corporal, como la cabeza, el cuello, las axilas y la ingle, para evitar la hipotermia. Además, es importante evitar la humedad y hacer un esfuerzo por mantenerse hidratado.

Si te encuentras en medio del agua, debes esforzarte por nadar de forma lenta pero constante para no fatigarte. Gastarás mucha menos energía si nadas despacio mientras flotas de espaldas.

Los signos iniciales de la hipotermia son temblores que no se pueden controlar, pérdida de coordinación de las manos frío y apatía.

Técnica 68 Tratamiento de la hipotermia

En caso de que se encuentre en el barco, es imprescindible que se quite toda la ropa mojada y la sustituya por ropa seca y precalentada, a ser posible, que se encuentre en el cuerpo de otro compañero.

No se recomienda ofrecer alcohol a una persona con hipotermia para calentarla. En lugar de ello, se debe dejar a la persona tumbada en una posición cubierta y permitir que permanezca completamente seca.

Accidente aéreo

Cuando nos enfrentamos a la posibilidad de un accidente aéreo, disponer de una estrategia refuerza nuestra seguridad en nosotros mismos y mantiene nuestro cerebro ocupado. Los puntos que se enumeran a continuación pueden sernos útiles para elaborarla:

- Para empezar, **realiza una evaluación de las circunstancias**. Si es posible, consulta con la tripulación de la aeronave, ya que pueden tener otras herramientas a su disposición para ayudar a gestionar el grupo.
- **Mantén a los heridos separados de los que puedan estar buscando ayuda o suministros**, como un lugar donde refugiarse, comida, agua o fuego.

- **Además, recoge toda la comida y bebida** y habla con los supervivientes para dosificarla como es debido entre toda la gente.
- **Ten en cuenta el clima local, los tipos de plantas y animales y la población animal.**
- **Asegúrate de que las señales de socorro están preparadas.**
- **Haz todo lo posible por permanecer en la embarcación.** Para ello, es necesario inspeccionar la embarcación en su totalidad, tanto por dentro como por fuera, para asegurarse de que no hay incendios ni otros peligros de ningún tipo.

Ten siempre presente que, si te cansas físicamente sin hacer nada concreto, te encontrará en una situación frustrante que te bajará la moral. En consecuencia, cada acción que realices debe estar guiada por una estrategia y dirigida hacia un objetivo determinado.

Técnica 69 Mantén una estrecha proximidad al avión

Como un avión derribado no es algo que pase desapercibido, empezarán a buscarlo en cuanto se den cuenta de que no ha llegado a su destino. Por lo tanto, para aprovechar al máximo el trabajo que están realizando los rescatadores, debes intentar permanecer lo más cerca posible de la aeronave. Hay más posibilidades de que vean un avión que de que te vean a ti solo.

Técnica 70 Asegúrate de que has elegido el atuendo adecuado antes de volar

En caso de accidente en el que el avión tenga que realizar un aterrizaje de emergencia o se estrelle, existe un gran riesgo de que la aeronave estalle en llamas debido a la cantidad de combustible que transporta; esto se debe a que el avión lleva gran cantidad de combustible. Por ello, es esencial vestirse de una manera que no sólo sea cómoda, sino que también te permita moverte con facilidad y, si es posible, que no esté fabricada con materiales combustibles como el poliéster o el nailon. Elige fibras naturales como el algodón o la lana en lugar de sintéticas. Además, ten en cuenta que llevar sandalias o zapatos de tacón dificulta la marcha en caso de que necesites escapar y que estos zapatos no te ayudarán a moverte después de llegar a tierra firme. Intenta protegerte de lesiones y quemaduras importantes poniéndote pantalones largos y mangas de material no demasiado grueso. De este modo, no te asfixiarás ni sentirás que te asfixian.

Técnica 71 No te quites los zapatos

Quitarse los zapatos antes de iniciar un viaje largo es uno de los errores más típicos que comete la gente. Se recomienda llevarlos puestos porque, en caso de que tenga que huir, tendrá más posibilidades de salir con vida si tiene los pies protegidos. Esto se debe a que, durante la evacuación, es posible que tengas que correr sobre objetos afilados o en llamas.

Equipamiento

Cuando te encuentres en una situación precaria que requiera habilidades de supervivencia, disponer del equipo adecuado puede transformar por completo tu experiencia, ya que te permitirá resolver muchos problemas y cumplir numerosos requisitos sin requerir tu atención o participación.
Por lo tanto, si vas a realizar un viaje de aventura y vas a aventurarte en la naturaleza, es esencial que estés bien preparado, tanto por dentro como por fuera.

Técnica 72 Asegúrate de que tu carga no sólo sea ligera, sino también compacta

Aunque es esencial poseer un equipo completo, también debes asegurarte de que sea lo más ligero posible. Por ello, es imperativo que evalúes en profundidad la utilidad de cada artículo que desees llevar contigo. Al fin y al cabo, tu equipo puede ser tu amigo o tu adversario en cualquier momento.

Ponte como objetivo llevar lo menos posible en cada momento; esto no sólo te ayudará a conservar energía, sino que tus pies y tu espalda también lo agradecerán.

Si quieres tener una mochila que no sea demasiado pesada, asegúrate de que no llevas encima ningún artículo que no sirva para nada, e intenta encontrar la forma de que los componentes de tu equipo sean lo más ligeros posible manteniendo su nivel de calidad.

Técnica 73 Mochila

Tus necesidades deben determinar el tamaño de la capacidad de tu mochila y no al revés. Esto vendrá determinado por la cantidad de tiempo que pienses pasar en la naturaleza, así como por la ubicación y las condiciones de la zona en la que te encuentres, el tipo de equipo que vayas a necesitar y el número de paradas de descanso que tengas previstas.

Técnica 74 Fundamentos de supervivencia

Un saco de dormir: es importante que tu saco de dormir sea impermeable y muy grueso porque si vas a un lugar frío, dormirás dentro de él, pero si vas a un lugar caluroso, dormirás sobre él y te proporcionará más comodidad. Si tienes un saco de dormir que sea impermeable y muy grueso, es importante que lo lleves contigo cuando vayas de acampada.

Una esterilla aislante es muy importante, ya que es realmente necesaria para aislarnos del frío del suelo; de lo contrario, las noches se convertirán en un infierno para nosotros. En la mayoría de los casos, las de espuma son las más eficaces.

Puedes llevar contigo más de **una cantimplora o botella**, lo que te garantizará el acceso al agua durante una mayor parte del día. El tamaño es importante, ya que te permite medir con precisión la cantidad de agua que necesitas a diario. Cada una puede tener uno o dos litros de capacidad.

Para preparar la comida se necesita **una cacerola** de tamaño modesto y **un cuchillo**.

Tienda de campaña: una tienda de campaña de calidad te protegerá de los elementos, como la lluvia, el viento y los insectos.

Encendedor y cerillas: asegúrate de guardar las cerillas en un recipiente hermético. También puedes llevar un pedernal.

Un botiquín debe tener principalmente los siguientes artículos: crema solar, repelente de insectos, desinfectante para heridas, crema cicatrizante, gasas, alcohol, yodo, pastillas de sal, pastillas de carbón vegetal, pastillas potabilizadoras y barritas de proteínas.

El neceser incluye jabón en pastilla, champú, pasta de dientes, cepillo de dientes y una toalla de microfibra.

Conviene llevar **una brújula, mapas y un dispositivo GPS** con pilas de repuesto.

Una linterna.

El paquete incluye un cuaderno y algunos bolígrafos.

Técnica 75 Puedes utilizar un machete o una sierra de mano

En caso de que no lleves tienda de campaña, contar con un machete o una sierra de mano te resultará muy útil para construir tu refugio.

También es útil para cortar la maleza y despejar el camino y, además, dejarás pruebas del paso humano que los futuros rescatadores podrán reconocer fácilmente.

Técnica 76 Lo esencial para una excursión por el bosque

La hamaca es un accesorio de exterior ideal para climas cálidos. Lo más prudente es elegir una hamaca con mosquitera.

Una lona es una lámina de plástico o lona de tamaño variable que puede utilizarse en lugar de una tienda de campaña para crear diversos vivacs (una forma de dormir al aire libre) y que también se utiliza para otros fines.

Mosquitera: es muy necesaria, sobre todo si vas a regiones plagadas de mosquitos u otros insectos, como la selva o la tundra. En este tipo de entornos, es más probable que te piquen los mosquitos u otros insectos.

Las pastillas potabilizadoras no sólo son baratas, sino que ocupan muy poco espacio, por lo que siempre es una buena idea llevar algunas. Si vas a estar en una zona en la que no hay garantías sobre la calidad del agua que vas a beber, es imprescindible que lleves una de estas pastillas.

Técnica 77 Botiquín de primeros auxilios

- Protector solar
- Repelente de mosquitos
- Crema cicatrizante
- Desinfectante de heridas
- Gasas
- Alcohol
- Yodo
- Pastillas de sal
- Pastillas de carbón vegetal
- Solución antiséptica local

- Pomada o antídoto contra las mordeduras de serpiente
- Bicarbonato sódico
- Laxante
- Loción de calamina
- Tijeras
- Pinzas

Técnica 78 Equipo utilizado para enviar señales

No te olvides de incluir en tu equipaje de supervivencia un espejo, un silbato, una linterna, bengalas o algo para hacer señales de humo; ilustraciones de los códigos o señales tierra-aire.

Primeros auxilios

Realizar una formación en primeros auxilios no es una mala idea si quieres ser líder y guía durante una experiencia de supervivencia en grupo o si te apasiona la aventura y quieres descubrir las zonas más aisladas del mundo.

Mientras tanto, sin embargo, los siguientes son algunos de los aspectos más fundamentales de los primeros auxilios y las tácticas de supervivencia:

Técnica 79 Un eslabón en la cadena de supervivencia

Si te dedicas a ayudar a otras personas, lo primero que tienes que hacer es mantener la calma y la concentración. Si lo haces, crearás un ciclo positivo porque inspirarás confianza a los demás.

Antes de empezar a prestar primeros auxilios a la persona, debes realizar una evaluación preliminar para determinar el tipo de asistencia que necesita.

Por ejemplo, puedes tener motivos para creer que una víctima va a sufrir un infarto de miocardio o un ataque al corazón si experimenta un fuerte dolor en el centro del pecho o una sensación de vacío en el mismo lugar o un intenso pinchazo en el brazo izquierdo u otras partes del cuerpo.

En un segundo momento, actuará solicitando la ayuda de otros compañeros para hacer frente a la situación. En caso de que la persona haya entrado en parada cardiaca, el paciente requiere reanimación cardiopulmonar (RCP). Debe estar seguro al cien por cien de que el corazón de la persona ha dejado de latir, por lo que lo primero que debe hacer es algo absolutamente necesario:

- Comunícate con el paciente, determina si te está escuchando o no y, en caso contrario, pasa al siguiente paso del proceso.
- Para determinar si respira o no, acércale la mano o la oreja a la boca y la nariz sin tapar ninguna de esas aberturas. Si sigue respirando, le pondremos en posición de recuperación, que consiste en reclinarle sobre su lado izquierdo, girarle ligeramente hacia delante hasta que apoye el brazo y la pierna derechos en el suelo. Esto le permitirá respirar más fácilmente. Si no respira, pasamos al siguiente paso.
- Localizar el pulso del paciente en la muñeca derecha aplicando una suave presión en el extremo interno de la muñeca derecha, justo debajo del tendón del pulgar. Además, podemos examinar la arteria carótida, situada a la derecha de la tráquea, aplicando una ligera presión con los dedos índice y corazón. Si tiene pulso, colóquelo en la posición de seguridad antes mencionada.
- Si no hay pulso, procedemos a realizar la RCP.

Debes colocarte de forma que estés arrodillado sobre su lado derecho y con una inclinación de unos 45 grados hacia el tronco del paciente. Coloca una de tus manos de forma que el hueso inferior de la palma de la mano descanse sobre el esternón del sujeto. A continuación, coloca la palma de la otra mano justo encima de la primera y entrelace los dedos de la mano superior con la mano inferior que está apoyada sobre el esternón del sujeto. Comienza a realizar compresiones torácicas a un ritmo de dos o tres veces por segundo mientras estás inclinado hacia delante, mantienes los brazos rectos y utilizas el peso de tu cuerpo. Continúa con esta técnica hasta que la persona responda o hasta que otro compañero pueda relevarte y seguir atendiendo al paciente.

Técnica 80 Qué hacer en caso de circunstancia urgente

Si te encuentras con alguien herido o lesionado, debes seguir los siguientes pasos: Identificar las constantes vitales, como la consciencia y la respiración.
A menos que exista una amenaza inmediata, debes abstenerte de mover a la persona herida.
Hay que tranquilizarla y abrigarla.
En este momento, no debes ofrecerle comida, bebida ni medicamentos. En su lugar, debes esperar a que se estabilice y recupere su fuerza, al menos parcialmente.

Técnica 81 Quemaduras

Si las quemaduras se han producido por contacto con sustancias químicas, es imprescindible lavar a fondo la piel afectada con gran cantidad de agua.
Antes de aplicar agua sobre la piel, debe secar el compuesto con una gasa si se trata de una de esas sustancias que reaccionan agresivamente con el agua. Después, coloca un vendaje nuevo o una toalla limpia sobre la quemadura.

En caso de incendio, apaga el fuego. Pon a la víctima en el suelo para impedir que se mueva en exceso y luego arroja agua (si no es un incendio eléctrico) o usa un extintor o bicarbonato (si es un incendio eléctrico) sobre las llamas para apagar el fuego. Si no tienes nada más, intenta hacer rodar a la persona por el suelo. El siguiente paso es comprobar si tiene pulso y respira y, si estos signos vitales no están presentes después de aplicar el técnica 79, debes comenzar inmediatamente a realizar técnicas de reanimación cardiopulmonar.

Afloja la ropa sin retirar nada que esté pegado a la piel, salvo que se trate de una quemadura química, en cuyo caso será necesario retirar todo lo que esté impregnado de la sustancia para que no siga actuando sobre la piel.

Las zonas quemadas deben mojarse con agua helada y estéril.

Aunque el herido esté consciente y tenga sed, hay que esperar unos minutos antes de darle nada por la boca, aunque lo pida. Durante su tiempo de recuperación, hay que mantenerle cubierto con una sábana o toalla limpia.

Técnica 82 Intoxicación

Si la persona ha inhalado algo que pudiera ser nocivo, hay que introducir aire fresco en sus pulmones lo antes posible. En caso de que el paciente esté inconsciente, debe iniciarse la respiración artificial al primer síntoma de problemas respiratorios.

Si la intoxicación se ha producido por contacto, es decir, por un producto que ha caído sobre la piel y no por inhalación, la persona afectada debe quitarse la ropa que se haya empapado en el producto y lavarse bien la piel con abundante agua evitando frotarse.

Técnica 83 Heridas

Cuando se trata de heridas punzantes, la mejor práctica es limpiar todo lo que pueda haber entrado en la herida junto con el instrumento afilado para favorecer la hemorragia y acelerar el proceso de cicatrización.

Técnica 84: Hemorragia

En el caso de que se produzca una hemorragia, debes aplicar presión directa sobre la herida utilizando una gasa, un paño limpio o una venda.
El siguiente paso consiste en elevar la zona dañada para que la sangre no siga fluyendo hacia la herida por efecto de la gravedad. Si la herida está en una extremidad superior o inferior, eleva la zona afectada a un nivel por encima del corazón mientras aplicas presión simultáneamente. Mantén la temperatura corporal del herido.

Técnica 85 Asfixia

Si no puedes retirar el objeto de la boca de la persona, tendrá que utilizar la técnica de Heimlich, que consiste en los siguientes pasos:
1. Colócate detrás de la víctima y rodea su estómago con los brazos.
2. Cierra el puño con una mano y colócala entre el ombligo y el esternón. Cierra la otra mano encima de la primera, agarrándola fuerte.
3. Aplica una presión enérgica hacia dentro y hacia arriba, levantando su cuerpo ligeramente en el aire si es necesario y repite este movimiento entre seis y ocho veces.

Técnica 86 Reanimación

Se deben realizar compresiones torácicas externas en la víctima hasta que recupere el conocimiento si no respira y no se detecta pulso en ella según la técnica 79. La frecuencia debe ser de cien compresiones por minuto aproximadamente.

Técnica 87 Fracturas

En caso de que el individuo tenga fracturas, no se le debe movilizar a menos que sea absolutamente necesario hacerlo porque se encuentra en peligro inmediato.
No es recomendable mover el miembro dañado, ya que, de momento, al no saber su estado exacto, no es posible realinear los huesos de manera correcta.
Mientras esperas a que llegue la ayuda, es importante cubrir al herido para que no pierda calor corporal.
Si es absolutamente necesario mover a la víctima, la extremidad debe inmovilizarse colocando dos férulas acolchadas, una a cada lado de la extremidad afectada, y atándolas en varios puntos. En caso de que no se disponga de nada más, dos tablas o placas cortas pueden usarse igualmente.

Técnica 88 Crisis epiléptica

Coloca a la persona en una posición en la que no pueda hacerse daño, como en el suelo y ponle algo acolchado debajo de la cabeza. Si hay objetos cerca, debes moverlos para que la persona no se golpee accidentalmente con ellos.
No retengas ni sujetes a la persona que está sufriendo un ataque epiléptico. Es imprescindible no introducirle nada en la boca. Póngale en posición lateral de seguridad si no se mueve en absoluto (sobre el lado izquierdo). Vigile su respiración y su ritmo cardíaco.

Técnica 89 Hipoglucemia

Si es posible, debes ofrecer a la persona fruta o diez gramos de azúcar por vía oral en cuanto sea consciente. Unos dos terrones de azúcar equivalen a 10 gramos de azúcar. Si resulta más cómodo, pueden administrarse después de diluirlos en agua.
No ofrezcas a la persona comida o bebida si no puede tragar o si está dormida.
Si no está consciente, muévelo de modo que quede en la posición de seguridad lateral (en el lado izquierdo).
Vigila su respiración y su ritmo cardíaco.

Los deportes de caza y pesca

Es posible recurrir a la caza y la pesca para subsistir si te encuentras en una situación de supervivencia en la que los alimentos que traías se acaban y los frutos que encuentras no son suficientes para mantenerte con vida.
Hay que recordar la dureza de estos sistemas, que a menudo provocan un gran sufrimiento a los animales afectados. Además, en muchos países la caza o la pesca de especies en peligro de extinción es ilegal. Por ello, es evidente que su utilización sólo puede justificarse en caso de extrema necesidad, como la necesidad de sobrevivir.
Por otro lado, en el caso de que nos encontremos en un verdadero escenario de supervivencia, no debemos olvidar que los anfibios, los reptiles y, sobre todo, los insectos suelen ser mucho más sencillos de cazar que las aves o los mamíferos y son una fuente esencial de proteínas.

Técnica 90 Utilización de trampas

Debes empezar por observar la zona para hacerte una idea de

lo que puedes descubrir en ella y dónde te encuentra. Las horas de la mañana son ideales para llevar a cabo esta actividad. Busca huellas, excrementos y cualquier otro signo que pueda indicar la presencia de animales.

Muchos mamíferos, sobre todo los más pequeños, tienen comportamientos regulares. Es posible que encuentres sus túneles o sus rutas marcadas en el rocío temprano como resultado.

Si tienes un campamento seguro, debes colocar tantas trampas como seas capaz de vigilar e inspeccionarlas dos veces al día: una por la mañana y otra por la noche. No debería ser difícil que los mecanismos se activen para impedir que las presas huyan con el cebo.

Las trampas de paso son sólo una de las muchas variedades de trampas que existen. Pueden fabricarse con hilo, sedal o alambre y se utilizan para cazar conejos y otros animales de tamaño similar. La trampa tiene un grosor comparable al de un puño y se coloca a cuatro dedos del suelo.

Por otro lado, también existe un mecanismo consagrado y fiable que se utiliza con frecuencia para sujetar losas o piedras planas que, al caer, provocan la muerte de los animales. Basta con coger la piedra o losa por su diagonal y depositarla en un palo sujeto a una cuerda fácil de desenvainar. Con ella se pueden cazar con éxito tanto presas mamíferas como aviares.

Técnica 91 Pesca con caña

Si nos encontramos en una situación precaria en la que necesitamos aprovisionarnos de comida, tener un anzuelo de acero de alta calidad y un sedal atado a él son dos herramientas que no ocuparán mucho espacio en nuestro botiquín, pero que nos resultarán muy útiles.

Existe la creencia generalizada de que las horas ideales del día para salir a pescar son las primeras de la mañana y las últimas de la tarde. Los peces pueden picar a cualquier hora del día o de la noche, pero el mejor momento para pescarlos suele ser justo antes de que llegue una tormenta.

En caso de que no dispongamos de anzuelos o sedal, tendremos que apañarnos con lo que encontremos. Es más sencillo utilizar hilo de nuestra ropa como sedal en lugar de improvisar una cuerda con fibras vegetales, porque el hilo ya está en buen estado. En la mayoría de los casos, los anzuelos improvisados se fabrican con trozos de madera o espinas; sin embargo, también podemos utilizar clavos y otros materiales con punta afilada. El propio río puede proporcionar cebo si se buscan gusanos o larvas bajo las piedras y entre las plantas de la orilla y la región circundante.

Técnica 92 La pesca manual

Se trata de un sistema ilegal en España, pero una vez que se adquiere cierta experiencia, resulta muy útil en aguas poco profundas.

Se recomienda encarecidamente abstenerse de hacerlo en zonas que alberguen especies potencialmente mortales, como anguilas eléctricas o serpientes acuáticas venenosas. Consiste en sumergir lentamente la mano en el agua detrás de rocas, raíces o huecos, todos ellos escondites habituales de los peces cuando buscan algo que comer. Una vez los tengamos en nuestro poder, deslizaremos la mano con cuidado hacia sus branquias y, a continuación, introduciremos el pulgar y el índice dentro de ellas para asegurarlos.

Técnica 93 Pesca con arpón

Debido a la forma en que se distorsiona la luz en aguas más profundas, pescar con estos aparejos requiere mucha práctica y habilidad. Sin embargo, mientras se pesca en aguas poco profundas, es factible ensartar a los peces tras introducir estos aparejos detrás de rocas o en agujeros. Obviamente, éste es también un método fuera de la ley. No nos resultará difícil fabricar un arpón improvisado de madera, con una punta puntiaguda de hueso o tallada en la propia madera.

Técnica 94 Pescar en la oscuridad

Consiste en utilizar anzuelos cebados que se dejan enganchados a una rama flexible en la orilla del río con la esperanza de que un pez los muerda. Es un método de increíble eficacia.

No debemos olvidar que los cursos de agua albergan una variedad de animales distintos de los peces que pueden servir de fuente de alimento. Entre ellos hay ranas, cangrejos, moluscos y reptiles.

Higiene

La higiene personal es un hábito que consiste en dedicarse a uno mismo tiempo de calidad con el fin de cuidar tanto la mente como el cuerpo.

Mantener su higiene personal le ayudará a permanecer vinculado a su sistema de valores, centrado y atento en la búsqueda de salvación cuando se enfrente a circunstancias difíciles como el miedo, la inseguridad y la soledad.

Como somos seres sociales, mantener una buena higiene personal está arraigado en nosotros como algo natural. Cuidamos nuestro aspecto y nuestra presencia y lo hacemos intencionadamente. Por eso, cuando nos enfrentamos a una crisis que nos exige sobrevivir, podemos olvidarnos de los hábitos que practicamos en nuestra vida en sociedad. Se trata de algo arriesgado porque, si este hábito de no higiene se mantiene durante un periodo de tiempo suficientemente largo, nuestra mente se puede acostumbrar y más tarde puede llegar a rechazarla.

Por lo tanto, para mantener a raya tu salud mental, será esencial que sigas con tu régimen de autocuidado, aunque vayas a pasar la mayor parte del tiempo solo.

Debes exfoliarte la piel a menudo utilizando una toallita o toalla humedecida con un poco de jabón y frotándola por todo el cuerpo. Cuando acabes de limpiarte la cara, puedes aplicarte protector solar, que evitará que tu piel se reseque en exceso y también puedes rociarte repelente de insectos. Asegúrate de que tu ropa tiene una ventilación adecuada y deja que se airee y se seque de forma natural o lávala. Lo mejor es evitar llevar la ropa mojada. Además, hay que lavarse los dientes todos los días y, si es necesario, lavarse el pelo con regularidad utilizando mucha agua. Puede parecer ridículo, pero realizar incluso algunas de estas sencillas actividades aumentará tu autoestima, tu confianza y, lo que es más importante, tu esperanza.

Técnica 95 Aléjate de los lugares donde haya animales muertos

Es esencial mantenerse alejado de cualquier región donde haya animales muertos o excrementos de animales, especialmente excrementos de pájaros. Estas regiones pueden ponerte en riesgo de contraer una enfermedad y se sabe que atraen a una gran variedad de insectos, moscas y otras plagas. Es decir, no contribuyen en modo alguno a crear un ambiente sano o higiénico.

Técnica 96 Higiene personal

Si quieres evitar las infecciones por hongos, debes lavarte las partes íntimas con agua limpia al menos una vez cada dos días. Es importante mantener las uñas de manos y pies cortas y limpias en todo momento. Al hacerlo, evitamos la acumulación de suciedad, cuya presencia, en caso de corte o herida, aumenta el riesgo de infección.

Técnica 97 Crea tus propios utensilios y materiales de limpieza

Si no tienes lejía, puedes sustituirla por ceniza y agua en la proporción de una parte de ceniza por tres de agua.
Puedes preparar infusiones de hinojo y menta para utilizarlas en lugar del enjuague bucal y te dejarán la boca más limpia. Puedes utilizar bicarbonato sódico para enjuagarte la boca y los dientes si tienes a mano. Debido al alto contenido en sal del agua de mar, otra alternativa es utilizarla; enjuagarse la boca con agua de mar es un método eficaz para eliminar las bacterias que puedan estar presentes.
Las cáscaras de maíz u hojas anchas son excelentes sustitutos del papel higiénico.
Un extremo de una rama de madera blanda, como el abedul, que se haya deshilachado puede utilizarse como cepillo de dientes.

Gestión de las consecuencias de las catástrofes naturales

Es posible que te enfrentes a una situación de supervivencia derivada de una catástrofe natural, como una tormenta o un tornado. En situaciones como estas, hay estrategias concretas que pueden utilizarse para salvar la vida.

Técnica 98 ¿Qué debe hacer para garantizar su seguridad tras un huracán?

Después de un huracán, es esencial mantenerse alejado de cualquier lugar que se haya inundado. Deja a un lado tu preocupación por las posesiones materiales y da prioridad a tu seguridad y a la de las personas que viajan contigo.

Además, es esencial tomar precauciones para evitar intoxicarse con monóxido de carbono tras la tormenta.

Es mejor evitar en la medida de lo posible el uso de aparatos o equipos eléctricos mojados, ya que pueden producir cortocircuitos. Además, en caso de que se vaya la luz, es más seguro utilizar linternas que velas para evitar incendios.

Si escuchas ruidos extraños dentro del edificio, debes evacuar inmediatamente porque es posible que el edificio esté a punto de derrumbarse. Además, mantente alejado de cualquier estructura o edificio que haya sufrido daños.

Técnica 99 Controlar la hora y el tiempo

Más del ochenta por ciento de los tornados se inician entre el mediodía y la medianoche, por lo que las tardes y las noches son las horas más propicias para su aparición.

Técnica 100 ¿Qué hacer en caso de tornado?

Si te encuentras dentro de una casa, debes dirigirte inmediatamente a la habitación designada como refugio o al sótano. Si no tienes acceso a una habitación segura, debe dirigirse al nivel más bajo del edificio o a una pequeña habitación interior que no tenga ventanas. Algunos ejemplos de estas habitaciones son el baño, el armario, el almacén o el sótano. Mantente alejado de las ventanas. Es posible meterse debajo de un mueble grande, como un banco de trabajo, una mesa o un escritorio. Puedes protegerte la cabeza y el cuello protegiéndolos con los brazos y las manos.

Cuando estés en el exterior, mantente alejado de lugares con techos altos, como auditorios, cafeterías, pasillos largos y centros comerciales. Y, si no hay cobertura en las inmediaciones o si no tienes tiempo de buscar seguridad en el interior, debes tumbarte en una zanja u otra zona que esté a un nivel más bajo.

Nunca intentes huir de un tornado conduciendo un coche o un camión, especialmente si el tornado está bastante cerca de donde te encuentras. En su lugar, sal del vehículo lo antes posible y busca refugio en un edificio cercano.

Amenazas a la capacidad de vivir

Ya hemos llegado a las primeras cien tácticas de supervivencia diferentes y, en este momento, las siguientes son algunas de las que estamos considerando:

Es esencial realizar un examen minucioso de la topografía que nos rodea, así como un estudio detallado de la flora, la fauna y el clima. Confirmar la existencia de fuentes de agua en la zona y reunir materiales que puedan utilizarse para construir un fuego y un refugio son también aspectos muy cruciales.

Cuando reconocemos por primera vez que estamos perdidos, es esencial que no nos alejemos del lugar donde se ha producido el incidente. Una vez despejada la zona, debemos construir o levantar nuestro refugio para poder descansar cuando caiga la noche.

Además de producir calor y ayudar a secar el ambiente dentro de nuestro refugio, ambos esenciales para nuestra supervivencia, el fuego también será nuestro aliado a la hora de ahuyentar insectos y otros animales. Además, utilizaremos el fuego para desinfectar el agua que obtengamos para poder beberla y cocinar nuestros alimentos para evitar contraer enfermedades infecciosas.

Debemos racionar toda la comida y bebida que llevemos para poder tomar pequeñas porciones cada cuatro horas. Esto nos ayudará a mantenernos hidratados y nos proporcionará energía para pasar el día.

Para reducir el riesgo de picaduras de insectos y la exposición a altos niveles de humedad, nuestro refugio debe estar elevado del suelo.

Además, seguir una disciplina para nuestra higiene personal nos ayudará a mantener un estado de ánimo positivo y nos situará en una mejor posición para superar cualquier reto que se nos presente.

No nos queda más remedio que poner en marcha el uso de diversos métodos de señalización o comunicación para iniciar cuanto antes una operación de búsqueda y rescate.

Sin embargo, este no es el final de la historia ante un escenario de supervivencia a vida o muerte, ya que resulta que hay enemigos invisibles que no son insectos, alimañas, animales salvajes, virus, gérmenes, parásitos u hongos, sino nuestra propia mente. Estos enemigos invisibles suponen una amenaza para nuestro bienestar.

Cuando nos vemos en una situación de desamparo, en la que parece que no podremos encontrar una salida o escapar para volver con nuestros seres queridos, es seguro que todos experimentaremos miedo intenso, crisis de ansiedad, ataques de pánico o autocompasión. Son emociones que todos podemos experimentar. Es absolutamente normal tener estos sentimientos.

La cuestión que se plantea es si es ventajoso o no permitir que esos sentimientos se queden en nuestra mente. A pesar de que pueda parecer algo inmanejable, en realidad no lo es. Tenemos la capacidad, así como la oportunidad, de alterar el curso de nuestro pensamiento y adoptar una perspectiva más optimista.

Técnica 101 Soledad

Si vivimos en una cultura en la que tenemos acceso a la familia, los amigos, los compañeros de trabajo... quizá no tengamos la misma sensación de aislamiento que cuando nos quedamos solos en el bosque.

El sentimiento de soledad es el resultado de las muchas ideas preconcebidas, pensamientos, sentimientos e impresiones que llevamos con nosotros en todo momento. Esto puede hacer que nos sintamos solos.

Cuando luchamos por nuestra vida, las únicas personas que estarán con nosotros somos nosotros mismos, así como nuestro propio sentido común. Nunca debemos desprendernos de esta estructura, ya que es la que nos proporciona tanto esperanza y seguridad como la información de que alguien de la sociedad de la que formamos parte vendrá a salvarnos.

No debes abandonar la región en la que te desorientaste o tuviste un accidente, ya que te sirve de recordatorio constante de tu lugar de procedencia. Nunca pierdas la esperanza de que te localicen, pues siempre existe la posibilidad de que alguien esté pensando en ti y se pregunte dónde estás.

Técnica 102 Miedo

Es probable que a todos nos aterre al menos una cosa, pero aun así nos las arreglamos para vivir nuestras vidas. Esto se debe a que, a pesar de nuestros miedos, la vida nos obliga a actuar y a perseguir las cosas que deseamos o creemos necesitar. Por eso, cuando uno se encuentra en una situación precaria, no es tan importante no tener miedo como aprender a convertir esta emoción en beneficio propio.

El miedo puede enseñarte a ser cauto, prudente, cuidadoso y estar alerta; sin embargo, nunca debe impedirte reaccionar adecuadamente cuando una circunstancia lo requiera.

Técnica 103 Estrés

Es posible que, mientras estabas de vacaciones, te perdieras en la selva y te separaras del resto de tu grupo mientras caminabais entre la vegetación. Te pilló desprevenido el giro de los acontecimientos y te encontraste solo en medio de la selva. Sin duda, te invadirá la agonía, esto es lo más natural que puede ocurrirte en esta situación.

Vas a estar pensando en tus seres queridos, en tus amigos, en las cosas en las que estás trabajando y demás. Todo lo que habías pospuesto hacer, todo lo que habías planeado y todo lo que deseabas con todo tu corazón que tuviera éxito. El mundo tal y como lo conoces se desintegra en tu cabeza y una abrumadora sensación de aislamiento y pavor se apodera de ti. Sin embargo, en ese momento, tienes que recordarte a ti mismo que tienes el poder de preservar tu integridad, que tienes la capacidad de proporcionarte la seguridad que necesitas para sobrevivir y que harás todo lo que esté en tu mano para seguir adelante, luchar por tu vida y volver a tu casa y a tus planes con una mentalidad más decidida que nunca.

Pero lo que más necesitarás en este momento es estar presente en el aquí y ahora. Investiga la zona en la que te encuentras y busca soluciones sin descartar lo que sientes; más bien, deja a un lado esa sensación para poder pensar adecuadamente sobre la situación.

Técnica 104 Ansiedad

Uno de los sentimientos más frecuentes entre las personas que viven en la sociedad actual es la ansiedad. Esto se debe al hecho de que la modernidad ha introducido una serie de requisitos y normas que son bastante difíciles de cumplir.

Además, nuestra concepción del tiempo ha evolucionado hasta el punto de que ahora prácticamente todo es instantáneo. Cosas que antes se comunicaban por carta y tardaban un mes en hacerse ahora pueden hacerse en cuestión de segundos gracias a la tecnología moderna.

Desgraciadamente, nuestro concepto del tiempo durante una crisis de supervivencia también se verá afectado por el modelo del que venimos y, si no aprendemos a ser pacientes, podemos desesperarnos en las primeras horas de esta situación si no aprendemos a esperar.

Por ello, se recomienda actuar mientras se mantiene un estado de alerta activo. Mientras atiendes los síntomas que te preocupan, debes ocuparte de los asuntos esenciales para tu supervivencia. También debes actuar bajo el supuesto de que no debes permitir que te domine nada, más bien haz lo posible para que tú que seas capaz de dominarlo.

Análisis de la situación

Para asentar la mente y averiguar qué curso de acción tomar, necesitamos llevar a cabo un análisis exhaustivo de las circunstancias. Esto nos permitirá establecer hipótesis razonables y actuar de acuerdo con ellas.

Por lo tanto, debemos preguntarnos cómo hemos llegado hasta donde estamos, qué ha ocurrido en el entorno que ha provocado nuestra pérdida, accidente o desorientación, quién es consciente de nuestra ausencia, por qué lugares pasábamos antes de perdernos y otras cuestiones similares.

Además, para que podamos vivir, tenemos que idear una estrategia y ponerla en práctica. Esto servirá para dos cosas: en primer lugar, mantendrá nuestros pensamientos ocupados y, en segundo lugar, hará más sencillo que los posibles rescatadores nos localicen.

Técnica 105 Analizar las ventajas e inconvenientes

Un ejemplo de sopesar las ventajas y los inconvenientes es decidir si permanecer en el mismo lugar o trasladarse.

Por ejemplo, como ya hemos comentado en otras ocasiones, es mejor permanecer cerca del avión en caso de accidente aéreo. Sin duda, las autoridades estarán buscando el avión y será bastante fácil localizarlo desde arriba. Por otro lado, si tomamos la decisión de embarcarnos en un viaje por la selva amazónica, nadie más que nosotros sabrá esa información. Si nos encontramos perdidos, quizá sea mejor esforzarse por viajar hacia una aldea o seguir el curso de un camino o de un río.

Técnica 106 Elaborar un plan

Después de sopesar las ventajas y desventajas de cada opción y decidir cuál seguir, tendremos que determinar cómo proceder y, lo que es más importante, cómo enfrentarnos a la realidad que estamos viviendo en ese mismo momento.

En caso de que decidamos permanecer cerca del avión, un miembro de nuestro grupo deberá buscar provisiones como comida y agua, por ejemplo. En caso de que decidamos viajar dentro del Amazonas, tendremos que determinar cuándo y dónde nos detendremos para que el viaje sea más llevadero.

Técnica 107 Definir una estrategia

Determinar una estrategia es necesario una vez que se tiene un plan en marcha. Por ejemplo, puedes decidir quedarte junto al avión, sobrevivir y esperar a que te rescaten, o viajar por el monte hasta dar con una aldea cercana.

Por ejemplo, en estas situaciones, habría que racionar la comida y el agua y dividirla por días, formar un grupo para buscar agua y otro para buscar materiales para hacer fuego, seleccionar a una persona para que se ocupe de los heridos y a otra para que se encargue de enviar señales de socorro. Y, cuando estés en la selva, asegúrate de descansar a la sombra durante las horas más calurosas del día y de dar paseos desde el amanecer hasta el mediodía.

Técnica 108 Ejecuta

Actuar es todo lo que queda por hacer después de haber establecido el plan, sopesado los pros y los contras y diseñado la estrategia. Debido a que la vida nos ha dado otra oportunidad de aprender y de averiguar cómo manejar una nueva experiencia de aprendizaje, debemos llevar a cabo las cosas que hemos planeado y continuar por la ruta que nos hemos marcado siempre con alegría.

Cuando estamos sometidos a una tensión intensa, como cuando luchamos por nuestra vida, tenemos tendencia a pensar, prever y planificar mucho, pero no siempre actuamos de acuerdo con esos pensamientos y planes. Esto es contraproducente y debemos prestar mucha atención a lo que hacemos para no caer en esta trampa. Si lo hacemos, no podremos cumplir los objetivos que hemos trazado para el plan y la estrategia que hemos ideado.

Trabajo en equipo

Si descubrimos que estamos solos, debemos considerar la posibilidad de que haya un equipo de búsqueda y rescate en algún lugar que esté pendiente de nosotros y si es así, debemos considerarnos parte de ese equipo. Esta es una estrategia fantástica para superar la sensación de aislamiento que podamos tener.

Sin embargo, si son muchas las personas que atraviesan una determinada crisis de supervivencia, mantener la unidad y actuar colectivamente garantizará la seguridad de todos los que la atraviesan. Esto se debe a que los seres sociales como nosotros prosperamos cuando estamos entre otros seres sociales.

Técnica 109 La habilidad de dar responsabilidades a otros

Es esencial para el éxito del equipo que cada miembro acepte la responsabilidad de una tarea, la lleve a cabo y reconozca su importancia. Todos tendrán la impresión de que aportan algo que vale la pena y así el objetivo y el espíritu del equipo adquirirán más fuerza, significado y relevancia.
No es bueno que el líder del equipo actúe como el "padre" del mismo mientras los demás miembros adoptan un papel servil dentro del equipo. Esto es algo habitual y no se debe a que los demás sean "vagos", sino a que una persona ejerce una mayor fuerza emocional que las demás. Por ello, un líder inteligente debe saber atemperar sus palabras, su fuerza y su mentalidad de poder con el respeto a las personas que le rodean.

Técnica 110 Un sentimiento de cohesión y unidad

Cada interacción, cada debate y cada preparación deben incluir una referencia al objetivo común que les une.
Cada individuo que lucha por su vida tiene la responsabilidad de hacerlo lo mejor que pueda en la tarea que ha asumido, porque la existencia de los demás también depende de que se cumpla la responsabilidad que ha asumido.
La unidad, un sentimiento que se trabaja y alimenta constantemente, será la principal fuente de alimento de un equipo que, cuando está unido, tiene muchas más probabilidades de ser encontrado.

Técnica 111 Reglas claras

Es factible que, algunos días, la tendencia de unos hacia otros no sea favorable debido a la presencia de hambre, frío o calor, falta de sueño, incomodidad y temor a desorientarse. Por lo tanto, para evitar malentendidos, es fundamental que, estando todos presentes, se puedan definir las reglas del grupo y que, cuando alguien no las cumpla, se le recuerde lo importante que es cumplir lo que se ha establecido como grupo en beneficio de todos sus miembros.

Una cabeza fría

Nos encontramos a una distancia considerable de las leyes y órdenes que nos impone el tejido social cuando nos vemos obligados a sobrevivir. Si nos encontramos en una situación así, cuando estamos apartados de la sociedad civilizada y aislados de otras personas, las normas, valores y leyes que guían nuestro sistema pueden empezar a perder su claridad.

Esta sensación de abandono, junto con la desesperación, la preocupación y la ansiedad, puede hacer aflorar una parte de nosotros que nos avergüenza y es posible que ni siquiera fuéramos conscientes de que poseíamos esta versión de nosotros mismos.

Cuando esto ocurre, debemos tener la mentalidad de que ya están en camino para recogernos y de que estamos aislados del resto del mundo durante el tiempo que tarden en encontrarnos los equipos de rescate, o durante el tiempo que tardemos en ir a una aldea, por ejemplo. Tenemos que pensar en las personas que somos, en las personas en las que nos convertiremos y en los medios que nos permitirán salir indemnes de esta circunstancia. Eso nos ayudará a mantener la compostura.

Si te das cuenta de que eres incapaz de controlar tus sentimientos e impulsos, te conviene retirarte del grupo para poder pensar con claridad, respirar profundo y ordenar tus ideas.

Técnica 112 Da un paso atrás y reflexiona

Despejar la mente, organizar los pensamientos y calmar el alma puede lograrse alejándose de la compañía de los demás, practicando el silencio, respirando lenta y profundamente unas cuantas veces y concentrándose en el horizonte. Dedícate tiempo a ti mismo de vez en cuando para no proyectar tu ansiedad y desesperanza en las demás personas que han sobrevivido.

Técnica 113 Asume tus límites

Muchas veces, un líder no sabe muy bien cómo poner límites y, por ello, opta por hacerlo todo él solo por miedo a que delegar tareas no produzca los resultados deseados.
El reto para un líder que no delega y que no asume su humanidad es que acabaría agotándose o quizá enfermando por tener que cumplir tantas responsabilidades él solo. Además, impide hablar o actuar a quienes son activos y tienen mucho que dar. No es bueno para la salud exigirse demasiado a uno mismo, y hacerlo también tendrá un gran impacto en el sentido de unión que existe en el equipo.

Técnica 114 Comunicar sus emociones

Hablar de las cosas que nos pasan es un método fantástico para fomentar y mantener la unión dentro de un grupo. Más aún, cuando te encuentras en una circunstancia precaria como estar perdido y no tener ni idea de cómo encontrar el camino de vuelta.

Cuando las personas muestran compasión y comprensión unas por otras, la convivencia y el trabajo conjunto resultan más armónicos. Compartid entre vosotros cómo os sentís a diario, así como las formas en que podríais inspirar esperanza a los demás miembros del equipo de supervivientes y motivarles positivamente. En tiempos de crisis, incluso unas pocas palabras de ánimo y cercanía pueden marcar una diferencia significativa. Esto puede parecer increíble, pero es cierto.

La importancia de poder confiar en un líder

Un líder es esencial para el éxito de un grupo debido a que es el responsable de coordinar todo lo que se ha planificado y definido para llevar a cabo, además de actuar como mediador para que todo el grupo pueda llegar a un acuerdo.

Por lo tanto, una de las primeras cosas que hay que definir cuando nos encontramos perdidos en un grupo es un líder que nos represente. Es una de las cosas más importantes que hay que concretar.

Técnica 115 El que manda

Para ser el líder se requiere una persona capaz de escuchar a los demás miembros del equipo con empatía, comprensión y una disposición positiva. Además, el líder es responsable de coordinar todos los aspectos de la ejecución de un plan, coordinar las tareas del resto de sus compañeros y garantizar que el equipo permanezca unido.

Técnica 116 Este grupo

Para sobrevivir, un grupo tiene que ser capaz de confiar los unos en los otros, cooperar en beneficio del conjunto, asumir la responsabilidad de sus actos, estar dispuesto a hacer lo que haya que hacer y mantener su cohesión. Ten en cuenta que, en ese mismo momento, la banda es tu familia y es lo único que te ayudará a sobrevivir hasta que te rescaten. Por lo tanto, préstale la atención y el cuidado que merece.

Las reglas básicas para sobrevivir

Es necesario dejar claro que todos persiguen el mismo objetivo de volver a casa y que lo harán de una manera propuesta y aceptada por la mayoría si la supervivencia se lleva a cabo en grupo.
A su vez, de acuerdo con un plan, cada uno debe hacer su parte y, a pesar de que pueda parecer desproporcionado o injusto, estas medidas se han tomado de acuerdo con las características y capacidades de cada uno, así que no pierdas la esperanza ni te enfades si sientes que estás haciendo más que los demás. Por el contrario, debes concentrarte en el objetivo general, que es sobrevivir a este apuro.
Al cooperar entre sí en un espíritu de hermandad e igualdad, un grupo de supervivientes espera evitar males mayores y salir intacto de la terrible experiencia. Como resultado, no debe haber desacuerdos ni resentimientos entre ustedes. Hablen de lo que suelen sentir el uno por el otro para suavizar los pequeños desacuerdos.

Técnica 117 Recursos

Es posible que un grupo de supervivientes incluya a personas cuyos antecedentes y habilidades sean extremadamente diferentes entre sí. Por lo tanto, en función de las capacidades y limitaciones de cada individuo, deberán delegarse y asumirse tareas como la búsqueda de alimentos, la preparación de alimentos, la búsqueda de agua y la purificación del agua, la operación de búsqueda y rescate, la transmisión de señales de socorro, la búsqueda de recursos, preparación de un refugio, etc.

Técnica 118 Comida

Sin hacer distinciones, la comida debe distribuirse de forma equitativa entre todos los miembros del equipo.

Técnica 119 Agua

Al igual que los alimentos, el agua también debe racionarse de forma equitativa, sin privar a nadie de hidratarse, aunque no haya podido salir a buscar agua. Racionar el agua de esta manera garantiza que nadie se verá privado de su capacidad para mantenerse hidratado. Aunque no todos se encarguen de recoger comida y conseguir agua o potabilizarla, ya que tienen objetivos y trabajos distintos, todos los miembros del equipo merecen consumir la misma cantidad de comida y bebida que los demás miembros del equipo, sea cual sea su tarea asignada.

Técnica 120 Tareas

Cada superviviente de un equipo debe asumir su responsabilidad para garantizar el éxito del grupo. Las probabilidades de supervivencia aumentan significativamente si cada individuo del grupo se muestra decidido y seguro de sí mismo en sus esfuerzos por alcanzar cualquier objetivo que se haya fijado.

Técnicas 121 Cuidados

En caso de que un grupo de personas necesite ayuda para sobrevivir, lo más probable es que se haya producido un accidente aéreo o que se hayan perdido mientras hacían senderismo. En ambos casos, puede haber personas de distintas edades, incluso mayores y niños.

Habrá ciertas personas que necesiten más atención y ayuda que otras y por el bien del equipo y de la unidad en su conjunto, tenemos que asegurarnos de que se satisfacen esas necesidades.

Estos insignificantes actos de compasión y gestos empáticos alimentarán tanto nuestra mente como nuestro sentido de pertenencia a una comunidad con energía positiva, amor y el conocimiento de que no estamos solos. Por ello, son muy enriquecedores tanto para quien los da como para quien los recibe.

LAS HABILIDADES QUE PODRÍAN SALVARTE LA VIDA

El aspecto emocional de la situación, así como la importancia de trabajar juntos, se abordan en las veinte estrategias de supervivencia anteriores. Se trata de facetas profundas, pero que al mismo tiempo determinan nuestra existencia cotidiana.
También hay "talentos blandos" que añaden una sensación de seguridad y nos impulsan a seguir adelante a pesar de las dificultades a las que podamos enfrentarnos. Igual que es vital dominar los procesos para cazar o crear fuego, también es importante tener estas "habilidades blandas".
Por ello, el último conjunto de tácticas está dedicado a las habilidades blandas. Son las habilidades que nos ayudan a comunicarnos, a establecer relaciones y vínculos, a dirigir a los demás y a alcanzar nuestros objetivos, independientemente de lo difíciles que puedan parecer estas actividades.

Habilidades sociales

Técnicas 122 Ejercicios de pensamiento crítico

La aplicación del pensamiento crítico es necesaria en toda circunstancia, relación y curso de acción. Para saber realmente cuándo estamos actuando de manera justa y cuándo no, es necesario realizar introspecciones que sean abiertas y honestas. Es crucial hacerlo porque afectará directamente a nuestras posibilidades de supervivencia.
A su vez, el pensamiento crítico durante el examen del terreno y de las condiciones de nuestra resolución de problemas nos conducirá sin duda a la supervivencia, ya que es lo que nos llevará a estar preparados para los posibles problemas que puedan surgir.

Para dedicarse al pensamiento crítico, es esencial centrar la atención en el aquí y el ahora, habitar el lugar y el tiempo que se despliegan ante los ojos sin preocuparse de otros asuntos. Además, es esencial prestar atención, aplicar la lógica y hacer uso del sentido común. Si haces esto, sin duda te parecerá ridículo, por ejemplo, construir un refugio en el lecho de un río que está completamente seco.

Técnica 123 La capacidad de adaptarse al entorno

Tener la capacidad de adaptarse a cualquier entorno en el que te encuentres te ayudará a combatir todas las emociones negativas que afloran ante un acontecimiento inesperado como una situación de supervivencia. La adaptación al entorno es una virtud que surge de forma natural en muchas personas y es una virtud que otras tienen que ejercitar.
Para empezar a adaptarte a tu entorno, primero tienes que familiarizarte con el aquí y el ahora y entregarte al proceso de descubrir qué es estar vivo y cómo seguir estándolo según las condiciones del entorno donde te encuentras.

Técnica 124 Emprendimiento técnico y actos de iniciativa

Ten en cuenta que la dirección que tomes es más importante que la velocidad a la que vayas. Por lo tanto, la diferencia entre sobrevivir y no sobrevivir va a ser saber qué hacer y realmente hacerlo, independientemente de si estás solo o con un grupo.
Quienes son capaces de salir airosos de circunstancias angustiosas suelen tener agallas y valor para enfrentarse a sus angustias y aventurarse por el mundo a pesar de miedos y de emociones negativas. Asegúrate siempre de reservar parte de

tus fuerzas o reservas de energía para la siguiente misión. No es necesario malgastar tiempo y energía dedicando esfuerzos a tender trampas o cazar si tienes frutas, raíces o barritas energéticas en tu mochila. Puedes simplemente consumir estos objetos en su lugar. El agua, tanto su descubrimiento como su purificación, debe tener en todo momento la máxima prioridad.

Técnica 125 Comunicación clara y concisa

La búsqueda del bien común y la empatía son los dos motores de una comunicación eficaz. En consecuencia, siempre que tengamos que expresar algo, hagámoslo de forma constructiva, comprensiva y paciente.

Ante cada nuevo día en una situación de supervivencia, hay algunas pequeñas cosas que merece la pena celebrar, como el paso de otro día, la posibilidad de comer y beber y la conservación de la temperatura corporal. Si empiezas a considerar las cosas de esta manera antes de pedir algo o distribuir responsabilidades, puedes aumentar la probabilidad de que la gente preste más atención a lo que tienes que decir y sea más receptiva a tus peticiones.

Te agradezco mucho que hayas elegido mi libro

Espero que hayas encontrado en este libro una lectura agradable y que mis experiencias puedan aportarte y motivarte a sentirte capaz de sobrevivir a cualquier situación.

¡Ayúdame a ayudar!

Escribir una reseña o valoración de cinco estrellas en el sitio donde compraste este libro sería la mejor manera de mostrar tu apoyo. Significaría mucho para mí.

Qué superes todos los obstáculos que la vida te ponga por delante,
Ben Retts

www.ingramcontent.com/pod-product-compliance
Lightning Source LLC
Chambersburg PA
CBHW070340010526
44107CB00004B/575